lection : Hors Jeu
cteur éditorial : Philippe Moreau
cteur de collection : Roman Perrusset
uettiste : Anne Sorin
ign de couverture : Benoît Leroux
rectrice : Yvette Chevrolet

ditions Danger public
upe La Martinière
oulevard du Montparnasse
14 Paris
phone : 01 53 63 88 11
: 01 45 49 17 60
gerpublic@lamartiniere.fr
v.dangerpublic.net

N : 978-2-35123-203-3

its étrangers / Subsidiary rights :
r toute demande de traduction, ou pour télécharger nos catalogues en langues
ngères, merci de vous connecter sur notre site Internet :

v.dangerpublic.net/index.php?Subsidiary-rights

SEXUS FOOTBALLISTICUS

S

FOOTE

J

Col
Dir
Dir
Ma
De
Co

© É
Gro
96,
750
Tél
Fax
dan

1
I
é

w

À Joseph et Léon,
mes plus précieux trésors.
Vous avez l'interdiction formelle
de lire cet ouvrage
avant vos 18 ans.

À Alexandra,
plus forte que Cécilia,
plus belle que Carla.
Je t'aime.

À Virginie, merci d'être là dans les moments décisifs.
Je t'adore.

À Papa et Maman.

À Jules,
et à la vie rêvée des anges.

FOOTBALL ET SEXE, LES LIAISONS DANGEREUSES

« Le sexe et le football vont de pair ! », s'écrie comme une évidence Norman Jacob. Ce 22 septembre 2005, à Berlin, le porte-parole d'Artémis promène un air badin. L'inauguration du plus gros supermarché du sexe jamais construit sur la planète suscite la curiosité des journalistes du monde entier. Un sacré coup de pub pour ce palais du plaisir d'un genre nouveau. Situé à trois stations de métro du stade Olympique, l'entrepôt de 4 000 mètres carrés, pouvant accueillir 100 femmes et 650 hommes à la fois, a été conçu spécialement pour la Coupe du Monde 2006 en Allemagne. Jacuzzi, sauna, salles de sport, bar-restaurant et trente chambres à l'étage... Le « mégabordel » s'impose comme le terrain de jeu des troisièmes mi-temps coquines. Contre un droit d'entrée de 70 euros, le supporter de football aura tout le loisir d'y jouer les prolongations. Aux yeux des médias[1], cette Coupe du Monde de football prend alors les contours d'une Coupe du Monde du sexe.

Un phénomène qui trouve son prolongement encore aujourd'hui. « L'Euro fera-t-il exploser le marché du sexe ? », s'interroge le journal suisse *Le Temps*[2], trois mois avant la compétition organisée conjointement par les Helvètes et les Autrichiens. Dans les colonnes du *Star*[3], Jackie Selebi, patron de la police sud-africaine et président d'Interpol[4], demande solennellement que la prostitution, prohibée dans son pays, soit tolérée le temps de la Coupe du Monde 2010. Il explique :

« Cela n'aurait aucun sens d'arrêter les prostituées pendant la Coupe du Monde alors que cette épreuve provoque le plus souvent un boom de la prostitution dans le pays hôte. » Un appel entendu. Fin janvier 2008, George Lekgetho, un député du parti ANC, présente une proposition de loi pour légaliser la prostitution

1. *The Chronicle Journal* (Canada) du 23 septembre 2005, et *The Lexington Herald Leader* (USA) du 24 septembre 2005.
2. Édition du 6 mars 2008.
3. Édition du 29 mars 2007.
4. En janvier 2008, il a été suspendu pour des suspicions de corruption.

pour la durée de la Coupe du Monde en Afrique du Sud :

« Ce serait le meilleur moyen de faire de cette Coupe du Monde un succès[5]. »

Et de préciser, sans rire :

« Si le travail du sexe est autorisé, les gens ne feront pas ces choses de manière clandestine. Cela nous rapportera des taxes et améliorera la vie de ceux qui ne travaillent pas » !

Le monde de la prostitution croise ainsi fréquemment celui du football. Patrick Vassort[6], sociologue et directeur de la revue *Illusio*[7], raconte :

« Le recours à la prostitution n'est pas rare dans le football. Elle est tolérée et peut parfois être organisée par les clubs eux-mêmes. De cette manière, les dirigeants gardent l'œil sur leurs joueurs et évitent ainsi que des dérapages aient lieu à l'extérieur. »

---

5. South African Press Association du 1er février 2008.
6. Entretien avec l'auteur le 14 mars 2008.
7. Voir l'article : « Sport et Violence, du secret d'État à la banalité du mal », automne 2007.

En août 2006, lors d'un match de championnat de Ligue 2 se déroulant dans le Sud de la France, un des dirigeants, à l'occasion du cocktail d'après-match, s'est ainsi glorifié auprès de l'auteur :

« Nous sommes un grand club. Lors des mises au vert, les joueurs ont leurs tapins » !

Mais rien ne vaut la légendaire rhétorique de Bernard Tapie pour comprendre toutes les ficelles du milieu.

Ce jour de mars 2004, Thierry Ardisson a voulu en savoir plus. L'animateur de Paris Première, peu familier des mœurs du ballon rond, a convié un plateau de choix pour son émission « 93, Faubourg Saint-Honoré », une émission dont le concept repose sur le « dîner en ville » filmé par des caméras fixes au subtil travelling latéral. Sous l'œil goguenard d'un Eugène Saccomano en pleine forme, Bernard Tapie, ancien président emblématique de l'OM, et son ex-défenseur fétiche, Basile Boli, vont affranchir l'ingénu Ardisson sur les coulisses du monde du football. Dès l'apéritif, la conversation, ou plutôt le monologue de Bernard Tapie, débute en fanfare[8] :

8. Traduction mot à mot de l'intervention de Bernard Tapie. L'émission est diffusée la première fois, le 16 mars 2004, à 21h55 sur Paris Première.

« J'avais des manières de management qui n'avaient rien à voir avec ce qui se fait dans le foot. On sait tous que quand des équipes viennent la veille d'un match à Paris, tous les joueurs se barrent la nuit pour faire les cons. Moi, la veille d'une finale de Coupe de France contre Monaco, j'ai dit aux joueurs : "Vous bougez pas, j'amène le matos à l'hôtel." Je suis allé mettre du Tranxène dans la purée de Goethals : à 9 heures, il était couché. J'ai fait monter une gonzesse par chambre, seuls deux ou trois joueurs n'ont pas voulu. Une heure après, je suis monté, et ils étaient tous dans la même chambre, ça s'est fini en partouze géante. »

L'animateur télé boit du petit-lait. Basile Boli, titulaire le jour de cette finale, se planque dans son assiette, tandis qu'Eugène Saccomano manque de finir sous la table, secoué par une irrépressible crise de rires. Bernard Tapie reprend tout d'un coup son sérieux et ajoute doctement :

« Ces gens-là ont besoin de sécréter tous leurs éléments naturels, comme la cortisone ou l'adrénaline, pour être au top. Le lendemain, on en a mis quatre à Monaco[9] » !

Pour couronner le tout, en septembre 2007, le Trento Calcio 1921, un club italien de quatrième division situé dans le Nord de la Péninsule, ira jusqu'à signer un contrat[10] de sponsoring-maillot avec Casa Bianca, une agence d'escorts-girls autrichienne basée à Innsbruck. Une façon d'officialiser le mariage de raison entre le sexe et le football.

Pour de nombreux scientifiques, cette collusion s'inscrit dans un processus bien déterminé. Patrick Vassort[11] explique :

« Le footballeur, dans sa frénésie d'hyper-consommation, a recours aux prostituées comme s'il s'agissait d'un objet. Pour lui, tout cela n'a pas beaucoup de valeur. Sa position économique dominante lui permet de jouir sans limites aussi bien dans sa vie sexuelle que dans son existence courante, à travers les achats de voi-

9. En réalité, lors cette finale de Coupe de France, en 1991, l'Olympique de Marseille s'était incliné 1 but à zéro contre Monaco.
10. Le montant du contrat prévoit 10 000 euros par an.
11. *Ibid.*

tures, bijoux, demeures ou autres vêtements de marque. Pour lui, la femme, et *a fortiori* la prostituée, est une façon d'exercer sa domination. Certains sont de vrais prédateurs, des machos du système sportif dont le système libidinal est formé à la consommation et à la domination.

Le football est un monde à la virilité exacerbée. Un univers où le culte du corps est omniprésent. Ce n'est d'ailleurs pas anodin si de nombreux joueurs retirent leur maillot après avoir inscrit un but. C'est une façon d'exhiber leur pouvoir corporel. Un corps qui est avant tout, pour eux, un outil de travail. »

Jean-Pierre de Mondenard[12], médecin du sport, y voit un mélange explosif qui trouve son origine dans le dopage :

« Le football recrute des super mâles. Il est idiot de penser que le dopage n'existe pas dans ce sport. Les stéroïdes anabolisants sont les produits les plus utilisés parce que ce sont ceux qui permettent de sauter plus haut, de courir plus vite, plus longtemps, et de se sentir psychologiquement au top. Or, ces produits déve-

12. Auteur notamment du *Dictionnaire du dopage*, Masson, 2004. Entretien avec l'auteur le 14 décembre 2007.

loppent une “hyper-sexualité”. J’ai connu un patient qui avait besoin d’honorer sa femme dix fois par jour. Revers de la médaille : la prise de stéroïdes s’accompagne souvent de comportements violents. »

Philippe Liotard[13], ethnologue et Maître de conférences à l’Université de Lyon-I, ajoute :

« Les femmes apparaissent comme des objets que l’on peut se prêter au même titre que la voiture. Il n’y a pas de phase de séduction. En outre, “sauter” une nana ensemble, c’est aussi une façon d’affirmer sa virilité et sa domination. Dans le milieu du football, il y a d’ailleurs eu pas mal d’affaires dans les limites du viol collectif. »

Le 26 octobre 2007, le procès d’une ancienne prostituée[14], « Madame Agnès », au tribunal correctionnel de Bordeaux, révèle les pratiques terrifiantes de certains joueurs des Girondins de Bordeaux[15]. Lors

13. Entretien avec l’auteur le 13 septembre 2007.
14. Soupçonnée d’avoir fait travailler quatre jeunes prostituées de luxe pour des parties fines réunissant des notables bordelais, elle est poursuivie pour proxénétisme. Le 9 novembre 2007, « Madame Agnès » est condamnée à un an de prison dont dix mois avec sursis.
15. En février 2005, une cinquantaine de clients de « Madame Agnès », dont huit joueurs des Girondins de Bordeaux sont entendus par les gendarmes

de l'audience, la jolie femme de 36 ans confesse à la barre :

« De tous mes clients, ce sont les footballeurs qui se conduisaient le moins bien avec moi. Je me souviens du comportement de trois joueurs brésiliens du club des Girondins, un soir de 2003. Ils m'avaient demandé que je vienne avec une "collègue". Mais, cette dernière ayant eu un empêchement, je me suis rendue seule au rendez-vous. Quand je suis arrivée, ils m'ont dit : "On a commandé deux nanas, donc tu vas manger pour deux." Comme s'ils parlaient d'une livraison de pizzas ! Ils m'ont violée sur la table de la cuisine. Ils m'ont traitée pire qu'une viande. Je me suis dit : "Ma pauvre fille, qu'est-ce que tu as fait ?" »

Quasiment au même moment, le 13 novembre 2007, une affaire d'abus sexuels sur une fille de 15 ans éclate en Suisse. Douze joueurs du FC Thoune[16] sont

---

de la Section de recherche de Bordeaux-Battesti. Dans un article intitulé « Mauvaise passe » paru dans *Sud-Ouest* du 25 avril 2005, le journal explique que les mauvais résultats des Girondins sont liés à l'instruction en cours.

16. Le club suisse a connu une notoriété internationale lors de sa participation à la Ligue des Champions durant la saison 2004-2005.

soupçonnés. Sur la chaîne TSR[17], Mattia Piffaretti, psychologue du sport, tire la sonnette d'alarme :

« Les abus sexuels dans le sport sont un thème tabou. »

Devant l'étendue du scandale, la Swiss Football League décide, le 23 février 2008, d'édicter un code de bonne conduite, avec en guise d'article premier :

« Les joueurs respectent l'intégrité de toutes les personnes dans leur entourage personnel, particulièrement celles liées à leur club (membres, officiels, fans...). Ils condamnent toute forme de harcèlement et d'agression sexuelle, qu'elle soit verbale ou physique. »

En Angleterre, comme nous le verrons plus loin dans le chapitre « Bienvenue en enfer », les histoires de mœurs se multiplient et jettent le trouble sur certaines stars du plus grand championnat de la planète football. Des affaires généralement classées sans suite par la justice.

Pour Philippe Liotard, « le footballeur, de par son statut social, peut profiter d'une certaine immunité. Il

17. Le 13 novembre 2007.

ne me paraît donc pas impossible que certaines affaires soient étouffées. Par exemple, les violences conjugales, qui ne sont pas rares, sont le plus souvent tues. »

Et pour Patrick Vassort, la France n'échappe pas à la règle :

« La place tenue dans la société par les footballeurs est prédominante. Avant la victoire en Coupe du Monde 1998, ils n'étaient que des beaufs. Ils sont devenus des élites de la nation. Des intouchables. »

Un sentiment d'impunité qui, selon Philippe Liotard, peut être une source de bien des dérives :

« Ils ont l'argent. À partir de là, toutes les frontières peuvent voler en éclats. Ils sont pris en charge très tôt. Ils deviennent assistés et ont tendance à perdre le sens des réalités. Certains footballeurs repoussent les limites de l'excès. C'est le monde du "bling-bling", où il faut avoir la plus grosse voiture, la plus belle montre, la plus belle femme et le plus grand nombre de maîtresses. Il n'est pas étonnant que certains d'entre eux, à l'image de certains rappeurs, raffolent de relations sexuelles avec des stars du porno. C'est aussi une façon d'affirmer sa virilité. »

Et Patrick Vassort d'ajouter :

« Ils sont dans l'observation continuelle de leurs corps, si bien que l'intime a tendance à disparaître. Il n'est donc pas étonnant qu'ils se comparent aux acteurs de films pornographiques. C'est un peu le syndrome du film *La Guerre des boutons*[18], où c'est celui qui a la plus grande qui devient le chef. »

Dans le secret du vestiaire, les surnoms des joueurs attribués en fonction de la proportion de leur organe reproducteur abondent. Thierry Henry peut se targuer d'être affublé du sobriquet d'« Anaconda », tandis que le très flatteur « Mi-cuisse » revient au débonnaire Claude Makélélé.

Le vocabulaire du footballeur fait d'ailleurs souvent référence à l'importance de l'entrejambe. Le 24 mars 2005, lors d'une conférence de presse à Clairefontaine, Fabien Barthez justifie en ces termes son crachat envers un arbitre marocain[19] :

---

18. Film de Yves Robert (1961), tiré du roman éponyme de Louis Pergaud (1912).
19. Le 12 février 2005, lors d'un match amical entre le Wydad Casablanca et l'Olympique de Marseille, le gardien de l'OM se précipite sur l'arbitre Abdellah El-Achiri, et lui crache en plein visage.

« Personne n'est malade. Il n'y a pas de mort. On en fait tout un flan. Je ne vois pas pourquoi. Je ne regrette pas ce geste, on est des hommes et, comme on dit, on en a entre les jambes. »

D'autres, comme l'Argentin Ever Banega, n'hésitent pas à joindre le geste à la parole. En août 2007, une vidéo du milieu récupérateur de Valence circule sur le Web. Les images le montrent en train de se masturber lors d'un Chat sur le Net. Pas gêné pour un sou, le gamin de 19 ans se contentera de répondre :

« J'ai toujours dit que j'avais une grosse bite et des grosses couilles, maintenant vous savez que je ne dis pas de bêtises[20]. »

Selon le sociologue Patrick Vassort, ces pitreries ne sont ni anodines, ni surprenantes :

« Le footballeur est jugé sur sa capacité à être performant grâce à son corps. On fait de lui un modèle de réussite corporelle. Presque un étalon. Cet égocentrisme peut d'ailleurs créer des tensions dans le vestiaire. Les footballeurs sont sans cesse entraînés dans une compétition effrénée et névrotique dans tout ce

20. *So Foot* de février 2008.

qu'ils font. Ils sont des compétiteurs, des ongles des pieds à la racine des cheveux, en passant par leur phallus. Dans ce sport, le partenaire est aussi un adversaire. La rivalité prégnante qui existe entre eux peut dépasser le cadre sportif. »

Comme nous le verrons à travers cet ouvrage, les histoires de cœur viennent souvent s'immiscer dans le vestiaire. Elles rejaillissent immanquablement sur le terrain des performances. Et comme dans n'importe quelle société privée, les trahisons viennent souvent empoisonner les relations sociales.

Dans son livre *Les Bleus peuvent-ils gagner la Coupe du Monde ?*[21], Bruno Godard énonce le théorème suivant : « Dans le foot, quand on ne comprend pas quelque chose, c'est qu'il y a une histoire d'argent ou une histoire de sexe.[22] »

21. Éditions Hugo & Cie, 2006.
22. Pour illustrer ce théorème, on peut se référer à l'interview de Jean-Michel Aulas dans *France Football* du 14 mars 2008. Quand on l'interroge sur les difficultés d'intégration du joueur Kader Keita, le président de l'OL répond : « Le fait de multiplier son salaire par 2,5, ça change la vie. Les voitures changent, les filles sont de plus en plus jolies et nombreuses autour de soi. »

Dans mon premier opus *La Face cachée du foot business*[23], j'ai largement abordé le premier précepte, il était donc naturel de me pencher sur le second afin d'offrir aux lecteurs une grille de lecture inédite. Une façon de lui permettre de mieux décrypter le milieu si secret et imperméable du football.

En France, en dehors des discussions autour de la machine à café, la vie rose du footballeur n'est que très rarement abordée dans la presse. Le fameux article 9 du code civil, selon lequel « chacun a droit au respect de sa vie privée », fait figure de solide protège-tibias juridique. Mais ce n'est pas la seule raison de ce silence assourdissant. L'aura dont bénéficie le footballeur est aussi un sérieux frein pour de nombreux journalistes, peu enclins à se mettre à dos ces héros des temps modernes, et les sponsors influents qui les marquent à la culotte.

Décomplexés quand il s'agit de narrer les frasques du président Nicolas Sarkozy, les médias affichent une

23. Éditions Flammarion, 2007.

prudence infinie, voire une vraie autocensure concernant l'*homo footballisticus*[24].

Au nom du droit à l'information, les médias étrangers, et pas seulement les plus *trash*, n'ont pas les mêmes réticences à parler de la petite histoire pour expliquer la grande[25]. On comprend mieux ainsi l'accumulation inouïe de scandales en Angleterre, alors que la France semble inexplicablement épargnée. Si les secrets d'alcôve du vestiaire n'expliquent pas tout, ils peuvent indéniablement éclairer d'un jour nouveau certaines défaites ou autres transferts, dont les subtilités échappent trop souvent au supporter de football, éternel dindon de la farce.

---

24. Ainsi faut-il attendre que des affaires soient judiciarisées pour en lire quelques lignes dans les journaux. Comme, par exemple, l'enfant adultérin de Marcel Desailly. Le 2 mars 2001, l'ancien capitaine des Bleus est condamné par le Tribunal de Grande Instance de Toulon à verser une pension alimentaire mensuelle de 1 200 euros au profit de la jeune Aïcha. Un enfant naturel, né en 1990, fruit d'une liaison avec Hélène Mendy.
25. Le journal anglais *News of the World* a mis en ligne, le 30 mars dernier, sur son site Internet un extrait d'une vidéo amateur, montrant Max Mosley, président de la Fédération internationale de l'automobile (FIA), en fâcheuse posture. Il participait, en compagnie de cinq prostituées, à une orgie sadomasochiste à connotation nazie ! Un scoop qui a fait le tour du monde.

Ici, il n'est pas question de jeter en pâture au public la vie des stars du ballon rond, mais simplement de raconter, à partir d'éléments strictement factuels, les répercussions de la vie privée des joueurs sur le terrain.

Pour la première fois, vous allez plonger dans un monde inconnu. Jusqu'à alors inexploré.

QUAND CHARITY-BUSINESS RIME AVEC SEXE

C'est un acte de bienfaisance dont raffole le milieu du football. Le 3 juillet 2003, à Rabat, le comique Jamel Debbouze, parrain de l'association « L'heure joyeuse », organise un match amical en faveur des enfants pauvres du Maroc. Une ostentatoire opération de com destinée à montrer que les nababs du ballon rond ont un cœur presque aussi gros que leurs comptes en banque. L'affiche est alléchante. Elle oppose l'équipe nationale du Maroc aux « *All Stars* ». Une formation composée de vedettes internationales de la planète football. Parmi elles, les Français Willy Sagnol, Robert Pires, Laurent Blanc ou encore Jonathan Zebina. D'anciennes gloires sont également de la partie, comme Luis Fernandez, ancien porteur d'eau de Michel Platini chez les Bleus au cours des années 1980.

L'histrion de Trappes n'a pas eu beaucoup de mal à convaincre ce joli petit monde : il est pote avec de nombreux joueurs de l'équipe de France, dont l'influent Zinédine Zidane. Pour l'occasion, Jamel a mis les petits plats dans les grands. Pas moins de 130 VIP ont été conviés. Et non des moindres ! On y trouve les chanteurs Francis Lalanne, supporter n° 1 des Bleus, et le rappeur Doc Gynéco qui, à cette époque, n'a pas encore succombé aux sirènes « sarkoziennes ».

SOIRÉE INTERDITE AUX CURIEUX

Des journalistes participent également à cet inoubliable raout. Étrangement, les médias sont invités à dormir à l'Hôtel Hilton. Une utile précaution pour se préserver des regards indiscrets ? Les *beautiful people* séjournent, eux, au majestueux Amphitrite Palace qui borde l'Océan Atlantique. L'endroit est une invitation au rêve : piscine, jacuzzi en plein en air, et matelas moelleux...

Dès le 1er juillet, deux jours avant la rencontre, les stars s'y sont donné rendez-vous. « L'heure joyeuse » n'a jamais aussi bien porté son nom. Surtout qu'une délégation de dix « bimbos » met une ambiance torride autour du grand bassin du Palace. Elles sont brunes, blondes ou rouquines. Suédoises, Anglaises ou Américaines, elles travaillent dans le mannequinat, les relations publiques ou font le bonheur des plus grands cabarets parisiens tels le Stringfellows, le Pink Paradise, ou encore le mythique Moulin-Rouge. Il y a aussi Suzie, masseuse à Londres, dont la plastique parfaite et le sourire hollywoodien laissent difficilement indifférent. Ça rit. Ça danse. Le champagne coule à flot. Jonathan Zebina affiche une condition physique impressionnante. Le thermomètre a beau flirter avec les 40 degrés, le défenseur de l'AS Roma[26] aligne les danses comme les tours de terrain. Il est tout bonnement omniprésent. Ses potes, qui l'accompagnent, sont hilares. Les joyeux drilles s'amusent même à jeter les filles à l'eau. Rabat succombe ainsi à une fièvre toute tropézienne. Il faut dire qu'à leur arrivée, les demoiselles ont été parfaitement briefées. Le footballeur est, paraît-il, facilement en proie à l'ennui. À charge, donc,

26. Il évolue désormais à la Juventus de Turin.

pour les belles créatures, de leur faire oublier l'inanité de leur existence.

LE RÊVE TOURNE AU CAUCHEMAR

Soudain, à l'heure du goûter, une jeune femme s'avance d'un pas martial vers la piscine. Tout à trac, elle désigne trois filles qui sont en train de gentiment barboter dans la piscine.

« Sortez et suivez-moi », leur ordonne-t-elle d'un ton sec.

Sans broncher, les trois naïades obtempèrent. Sans même prendre le temps de se sécher, elles la suivent mécaniquement. Elles ont rendez-vous dans la suite de l'un des joueurs, grand amoureux de l'Italie. « Lesquelles sont les plus chaudes ? », ose l'impudent. Les filles, elles, ne mouftent pas. Aucune n'a encore eu le temps de se familiariser avec les subtilités de la langue de Molière.

Marion[27], jolie petite brune de 25 ans, au regard perçant, tranche avec le reste de la délégation. Elle n'arbore

27. Son prénom a été modifié.

pas les atours de la « gogo danseuse ». Discrète, le look BCBG, elle se présente comme étudiante en droit à Paris. Une belle couverture : elle travaille pour un magazine parisien dont le fonds de commerce mêle infos à sensation et photos criardes. Sa mission : endosser les habits de l'apprentie espionne et ramener pour le journal un maximum de scoops, une pratique répandue au sein de la presse *people*. La jeune Mata Hari campe à merveille son nouveau rôle. Parlant l'anglais, elle propose d'emblée ses services pour jouer la traductrice entre les stars du ballon rond et les Belles de jour. Un poste d'observation idéal.

Mais aujourd'hui, ce reportage un peu particulier lui laisse un souvenir au goût saumâtre. Elle raconte[28] :

« C'était vraiment glauque. Je crois que je n'ai jamais rien vu d'aussi choquant. C'était comme présenter de la viande à des chiens enragés. Les "bimbos" ne se formalisaient pas du caractère outrancier de leurs nouveaux amis. Elles avaient manifestement l'habitude de vivre ce genre de scènes. Elles m'ont dit qu'elles fai-

28. Entretien avec l'auteur le 15 octobre 2007.

saient souvent ce type de choses pour des hommes d'affaires internationaux. »

Une fois les présentations faites, les intrus sont invités à quitter la chambre. Les trois créatures se retrouvent dans la plus grande intimité avec le footballeur et ses copains. Déjà de grands éclats de rire. Le séjour marocain s'annonce sous les meilleurs auspices...

Pendant ce temps, sur la plage de l'Amphitrite Palace, les autres copines se languissent sous le soleil de Rabat. Et quand Nevin, la strip-teaseuse suédoise, enlève le haut, les VIP, qui font mine de jouer au foot, peinent à trouver un semblant de concentration. L'ambiance monte encore d'un cran, quelques heures plus tard, dans la boîte de l'hôtel où ce joli petit monde s'est donné rendez-vous. Les filles assommées par l'alcool se lâchent. Laurie, qui travaille dans les relations publiques à Londres, met à profit tous ses talents professionnels. Mais c'est une autre danseuse, brune aux cheveux longs et aux jambes interminables qui se révèle la grande star de la soirée. Dans sa petite robe en mousseline verte, la belle plante laisse suggérer une anatomie de déesse grecque. La danseuse du Pink Paradise envoûte, électrise et séduit. Sur la piste, ses postures languissantes et ses mouvements de reins incessants ne laissent deviner aucune ambiguïté. Elle veut s'offrir à un footballeur. L'espoir chevillé au cœur, la belle croit donc jouer sa vie sur la piste de danse surchauffée...

En dépit d'une après-midi déjà bien remplie, l'un des joueurs n'en perd pas une miette. Le grand séducteur semble insatiable. Tout de go, il lance à la jeune créature, au regard de plus en plus embrumé :

– Eh, tu voudrais pas me suivre dans ma chambre avec tes copines pour prendre un dernier verre ?

– Et pourquoi, je ne te suffis pas ? Tu n'en as jamais assez ? Il te les faut toutes, mon salaud !

– Allez, ne discute pas ! Monte avec les autres, insiste le footballeur.

Dociles, les filles s'exécutent et décident d'accompagner l'international français jusque dans sa chambre. Il est près de quatre heures du matin. Dans les couloirs vides de l'hôtel, l'étrange ballet du harem de la star du ballon rond semble tout droit sorti d'un film de Luis Buñel.

Par jeu, goût de la provocation ou tout simplement pour leur signifier sa domination, le footballeur les fait poireauter devant la porte de sa suite. Il entame alors une sélection drastique. Certaines ont la fierté de pénétrer dans le saint des saints. D'autres sortent aussitôt. Sonnées par tant de goujaterie. L'honneur est sauf pour la danseuse du Pink Paradise. Elle est de la partie.

Hélas, les princes de la nuit n'ont pas plus de mémoire que de gratitude. Dès les premières lueurs de l'aube, elle quitte ce qu'elle espérait être un joli conte de fées. La magie n'opère plus. Le Rimmel dégoulinant et la chevelure hirsute, la strip-teaseuse erre dans les dédales du Palace et rejoint cahin-caha la solitude de sa chambre.

Son amant d'un soir ne lui adressera plus la parole jusqu'à la fin du séjour. Le dernier soir, au bar du Beach Club, elle, dans un ultime baroud d'honneur, jette son dévolu sur Robert Pires. Un fiasco. Le joueur, qui évolue alors à Arsenal[29] file depuis quelques mois le parfait amour avec Jessica Lemarié, magnifique mannequin et cousine de Ted Lapidus, qui lui donnera deux enfants. La stripteaseuse ne connaît pas plus de succès auprès d'un autre international. Depuis son arrivée au Maroc,

29. Il évolue actuellement à Villareal en Espagne.

ce joueur français ne quitte plus Marion. Il ignore, bien entendu, que la mignonnette est une jeune journaliste qui agit en sous-marin pour le compte d'un magazine à scandales. Une situation propice à toutes les confidences…

CONFESSIONS D'UN FOOTBALLEUR

En général, le footballeur professionnel ne s'embarrasse pas de circonvolutions. Il n'en a ni le temps ni l'envie. Bien que réputé pour sa bonne éducation et son intelligence bien supérieure à la moyenne du footeux de base, le joueur qui s'est entiché de Marion n'échappe pas à la règle. Dès ses premiers échanges avec Marion, il passe à l'offensive.

– Tu ne voudrais pas devenir ma maîtresse ? On pourrait se voir une ou deux fois par mois quand je suis à Paris ou lors des rassemblements de l'équipe de France. Je te réserverai une chambre à l'hôtel Costes. J'y ai mes habitudes.

Marion, un brin tourneboulée : – Eh, tu fais ça à toutes les nanas ou quoi ? Tu me prends pour qui ?

– Non, mais je trouve qu'entre nous, cela fonctionne bien. Tu n'es pas une pétasse comme les autres.

– Et ta femme, tu y penses, au moins ? En fait, tu es comme tous les autres.

– Ne sois pas si naïve ! La plupart de nos femmes ne sont pas dupes. Elles savent le prix à payer. Elles ont la belle vie. Avec notre fric, elles peuvent s'offrir tout ce qu'elles veulent sans bosser. La seule chose qu'on leur demande est de bien s'occuper de nos enfants.

– C'est dégueulasse.

– Arrête ton cinéma ! Tu n'as pas idée de tout ce qu'on a enduré pour devenir ce que nous sommes. Nous avons quitté nos parents à l'âge de 12 ans pour intégrer le centre de formation. Là-bas, tu ne vois pas passer ta jeunesse. Tu travailles comme un forcené tous les jours pour atteindre ton rêve. Pas de sortie, pas de boîtes de nuit. Les entraîneurs te surveillent du coin de l'œil en permanence. Ils te conseillent même de trouver un équilibre affectif en choisissant rapidement une petite copine régulière. Et neuf fois sur dix, cette petite copine devient ta femme et la mère de tes enfants !

– C'est pour cela que vous vous mariez si jeunes ?

– Ouais. Cela fait partie du parcours du footballeur. À 22 ans, nous sommes mariés et à 24, nous avons au moins un môme. Ça rassure les dirigeants. Ils pensent que si nous sommes installés, nous serons plus équilibrés et ainsi meilleurs sur le terrain.

– C'est le cas ?

– Au début de ta carrière, peut-être. Mais ensuite, avec tout le pognon que l'on gagne, les tentations sont énormes. Tu peux tout t'offrir, même les plus belles gonzesses. Tu peux trouver cela choquant, mais c'est humain. N'importe qui ferait la même chose à notre place.

– Si tu peux te taper qui tu veux, pourquoi moi ? Je ne suis pas la plus canon…

– J'aime discuter avec toi. Y a pas que le physique qui compte. Les nanas qui tournent autour de nous sont superficielles et ne s'intéressent qu'à notre portefeuille.

En dépit de la grande honnêteté du footballeur, Marion refuse les avances de la star. Pas question de jouer les remplaçantes de luxe. Néanmoins, elle ramènera dans sa besace des infos de premier choix.

Et le match de charité dans tout cela ? Sur le terrain, la virée marocaine de nos stars françaises restera bien anecdotique. Les cheveux fatigués et les muscles fragilisés par trois jours de fête, les dieux du ballon rond offrent un spectacle pitoyable dans un stade à moitié vide. En guise de remerciement, les joueurs reçoivent des mains de Jamel un tapis et des accessoires de golf. Et chacun de retrouver les siens avec le sentiment du devoir accompli. C'est bien connu, dans le milieu du foot : « tout le monde il est beau, tout le monde il est gentil. »

CHAUD BRÉSIL

« *Ronaldinho, il faut qu'il sorte moins pour travailler plus.* »
José Edmilson, son partenaire au FC Barcelone,
TV3, le 22 novembre 2007.

1

AUX ORIGINES DU FOOTBALLEUR-LIBERTIN

Les Anglais ont inventé le football. La chose est entendue. Mais ce sont bien les Brésiliens qui l'ont magnifié et élevé au rang d'œuvre d'art. Le foot est au cœur de l'histoire du Brésil, et de la vie des Brésiliens, quels que soient leur âge, leur couleur, leur milieu. Depuis la création de la Coupe du Monde en 1930, le Brésil est le seul pays à avoir disputé toutes les éditions et à avoir remporté cinq fois le trophée. Avec plus de 1 500 Brésiliens évoluant à travers l'Europe, la nation *auriverde*[30] est la mère nourricière de la planète foot. Et pas seulement pour leurs exploits sur le terrain. En dehors du rectangle vert, les joueurs savent aussi danser la samba.

30. « Or et vert », les couleurs du drapeau brésilien et de la sélection nationale brésilienne.

La scène se déroule sur le Rio Douro à Porto. Dans la nuit tiède de ce 29 mars 2003, un sublime yacht mouille à l'embouchure du fleuve. À bord, une centaine de splendides créatures trépignent d'impatience. Elles attendent les acteurs de la rencontre Portugal-Brésil qui vient de s'achever au stade Das Antas, un match amical qui a vu la victoire portugaise et les premières titularisations de Deco et Maniche. Quelques bonnes âmes de la fédération ont eu la riche idée d'organiser cette troisième mi-temps féerique. Les plus grands joueurs sont là : Ronaldo, Ronaldinho, Adriano, Roberto Carlos, Pauleta, Rui Costa… D'ex-joueurs brésiliens, alléchés par la perspective d'une telle fête, ont également fait le déplacement. Parmi eux, Alex Diaz de Almeida, l'ancien buteur de l'AS Saint-Etienne. Ce fêtard invétéré a tout connu des délices de la nuit. Mais, lors de conversations privées, il place cette fameuse soirée au sommet de son hit-parade.

GARRINCHA NE PENSE QU'À ÇA !

Un phénomène qui ne date pas d'aujourd'hui. Dans les années 1960, Garrincha, appelé aussi « Mané », ailier magique de la *Seleçao*, fait les choux gras des journaux. Sa relation adultérine avec Elsa Soarez, la plus populaire des chanteuses *carioca*, passionne tout le pays.

Garrincha : un nom qui vibre comme un air de Fado. Garrincha : un mythe encore vénéré de nos jours. À Botafogo, club du sud de Rio, les supporters lui ont même érigé une statue. Garrincha : le symbole de tout un pays ballotté entre l'ombre et la lumière. Entre le faste et la misère. « *A alegria do povo*[31] », comme le surnomment les Brésiliens, épouse alors le destin d'un pays à la croissance chaotique. Une nation, dont les soubresauts n'empêchent pas les rêves de grandeur, comme en témoigne la construction de la nouvelle capitale, Brasilia.

Garrincha : la légende lui prête un sexe aux dimensions inavouables. Une taille qui créera davantage de polémiques que le nez de Cléopâtre. En 2001, après la publication d'une biographie, *L'étoile solitaire*[32], écrite par le journaliste Ruy Castro, les filles de Garrincha réclament des indemnités contre l'auteur pour « dom-

31. « La joie du peuple ».
32. *Estrela Solitária. Um Brasileiro Chamado Garrincha*, Companhia das Letras, 1995. Disponible également en anglais : *Garrincha*, Yellow Jersey P, 2005.

mages moraux ». L'impudent écrivain a révélé que l'organe reproducteur de l'attaquant ne mesurait pas moins de 25 centimètres. Joao Wehbi Dib, le juge de la Cour de Rio, rejettera la demande de dédommagement financier des héritières, considérant que l'évocation de la taille du pénis de Garrincha ne « représente pas une offense à la mémoire de l'ancien joueur, mais au contraire un éloge » !

Particulièrement bien servi par la nature, Mané trimballe une appétence sexuelle hors du commun. Lors de la Coupe du Monde au Chili en 1962, le joyeux fêtard écume tous les bordels de la capitale. De quoi rendre chèvre Aymoré Moreira, le sélectionneur brésilien.

Le 16 juin 1962, veille de la finale face à la Tchécoslovaquie, l'ailier attend que la nuit tombe pour se rendre dans une fameuse maison close de la rue Santa Fé, dans les faubourgs de Santiago. Aymoré Moreira, qui a compris son petit manège, décide de le suivre. Au moment où l'ailier magique s'apprête à monter avec trois charmantes chiliennes, une main ferme lui tape dans le dos.

« Ah, c'est vous coach ! Vous aussi, vous allez aux putes ? », lui lance-t-il sans se départir de sa décontraction naturelle. Désarmé par tant de culot, le sélectionneur attendra au pied de l'immeuble que son attaquant profite de ses dernières heures chiliennes. N'est pas Guy Roux qui veut[33] ! En dépit de son penchant pour les entraîneuses, le numéro 7 de la *Seleçao*, grand artisan de la victoire brésilienne, est consacré meilleur joueur du Mondial.

Pour Mané, la Coupe du Monde a toujours été le théâtre de délicieuses escapades. Quatre ans plus tôt, en Suède, il picole dur et s'amourache d'une jolie Nordique qui lui donne un troisième fils, après ceux qu'il a eus avec sa femme Iraci, une métisse de Pau Grande, le quartier miséreux de Rio où il a grandi. C'est ici que le jeune adolescent a appris à dompter une balle confectionnée à l'aide de vieux chiffons. Le môme qui régale la favela ne paie pourtant pas de mine. Atteint de la polio, il a une jambe plus courte que l'autre. Tous se demandent comment ce gamin peut taquiner le cuir

33. L'ancien entraîneur de l'AJ Auxerre était connu pour surveiller ses joueurs jusqu'en boite de nuit. Et empêcher ainsi tout écart de conduite.

avec le genou droit tourné vers l'intérieur et le gauche vers l'extérieur. C'est alors que sa sœur aînée, qui voit en lui un oiseau indomptable, lui donne le sobriquet de « Garrincha ».

Un petit oiseau fragile, mais majestueux quand il déploie son talent sur la pelouse. Ses arabesques, balle aux pieds ? De pures invitations au bonheur. Il invente des dribbles. Il donne le tournis aux défenseurs adversaires. Et enfile les buts comme des perles. Certains observateurs de l'époque lui trouvent même plus de talent que Pelé, son équipier et rival au sein de la *seleçao*. Le « roi Pelé » : la face inversée de Garrincha. C'est le match de « l'homme aux mille buts » contre l'homme aux « milles femmes ». L'équipe brésilienne ne perdra pas un seul match, avec Garrincha et Pelé réunis sous le même maillot. Mais sitôt le match terminé, les deux phénomènes se jalousent, se toisent ou s'évitent. Lors de la Coupe du Monde 1962, Pelé, blessé dès le début de la compétition, a très mal vécu le sacre de Mané. Et puis, le très politiquement correct Pelé voit d'un mauvais œil cet érotomane, qui vient parfois à l'entraînement muni d'un revolver ! Par crainte de représailles de sa femme, jalouse et furieuse des infidélités de son volage de mari.

Garrincha, après avoir glané tous les titres brésiliens, est victime de l'usure physique, du succès et de son amour immodéré pour la boisson. En 1973, au stade Maracana, il offre un dernier récital lors de son jubilé. Il a quarante ans. Après la rencontre, il boit la recette du match. Ivre au volant, il tue son père, sa belle-mère et un enfant. Il sombre alors dans la dépression et devient violent avec sa maîtresse, Elsa Soarez. Elle le quitte. Lui, il continue à noyer son chagrin dans le rhum. Entre deux cuites, il trouve encore le temps d'assouvir son besoin inextinguible de sexe. Il procrée à tour de bras. Ainsi, il ne reconnaîtra pas moins de treize enfants avec cinq femmes différentes. À quarante neuf ans, alcoolique au dernier degré et en proie au *delirium tremens*, Garrincha s'éteint dans la misère totale, à l'image de nombreux Brésiliens.

À ses obsèques, le grand poète brésilien Carlos Drummond de Andrade lui rendra un vibrant hommage :

« S'il y a un Dieu qui régit le football, ce Dieu est surtout ironique et farceur, et Garrincha fut un de ses sujets, chargé de s'échapper de tous et de tout... Ce fut un pauvre petit mortel qui aida un pays entier à sublimer ses tristesses. Le pire est que les tristesses reviennent, et il n'y pas un autre Garrincha disponible. Il y en a grand besoin d'un nouveau pour alimenter nos rêves. »

LES BONS CONSEILS DU ROI PELÉ

De son côté, Pelé, star internationale, coule des jours tranquilles. Riche et choyé par le pouvoir politique qui voit en lui un symbole de réussite économique et d'ascension sociale, il devient même, en 1994, ministre des Sports du gouvernement social-démocrate de Fernando Henrique Cardoso.

Mais derrière son apparence plus présentable, plus consensuelle, Pelé n'en demeure pas moins homme. En 1980, après 14 ans de mariage avec Rosemeri Cholby qui lui a donné trois enfants, « le roi » succombe aux charmes de la sulfureuse Maria da Graça Meneghel, dite « Xuxa ». Pelé a alors 40 ans. Elle en a à peine 17. La belle plante a déjà fait parler d'elle en posant nue pour le magazine *Playboy et Eleela*[34], la revue coquine la plus osée du Brésil.

Sa carrière terminée, c'est un Pelé décomplexé qui prendra position pour encourager les footballeurs à une pratique sexuelle assidue. Quinze jours avant le début de la Coupe du Monde 2006, il lâche dans les colonnes du journal allemand *Bunte*[35] :

« Pour moi, avoir des relations sexuelles était aussi appréciable avant un match qu'après. Le sexe, c'est extraordinaire, fantastique. »

Et de détailler dans le même entretien :

« J'ai toujours refusé de céder à la tentation lors de la mi-temps d'un match. » Un véritable ascète, ce Pelé ! Aujourd'hui, on peine à imaginer ce huit clos brûlant, quand le vestiaire pouvait accueillir de sublimes créatures en plein milieu d'une rencontre. Autre temps, autres mœurs…

---

34. « Lui et elle », en brésilien.
35. Édition du 25 mai 2006.

Icône planétaire et chantre de la virilité, Pelé devient naturellement le porte-parole de Pfizer lorsque le laboratoire suisse décide de lancer, en 2002, une campagne mondiale sur son dernier produit-phare : le miraculeux Viagra.

« C'est un médicament dont je n'ai pas besoin, mais je suis content de sensibiliser les gens à l'impuissance masculine », croit alors bon de préciser le dieu du ballon rond lors de la conférence de presse inaugurale.

À la question de savoir pourquoi ce géant de l'industrie pharmaceutique a choisi le meilleur footballeur de l'histoire, les hommes de l'Agence de pub McCann, en charge de la campagne de communication, rétorquent sans ambages :

« Eh bien, c'est l'athlète du siècle et il est aussi connu pour ses nombreuses conquêtes féminines. »

Un cavaleur tout terrain : ainsi se résume l'archétype du footballeur brésilien dans la conscience collective. Une image que ne viendront pas démentir les héritiers de Garrincha et Pelé.

ROMARIO, L'HÉRITIER

À commencer par Romario, autre attaquant aux « mille buts », autre footballeur aux « mille femmes ». Une vraie santé, ce Romario. Père de six enfants nés de cinq lits différents, « O baixinho[36] » comme on le surnomme en raison de sa petite taille (1,69 m), connaît une longévité exceptionnelle. À l'âge de 41 ans, il évolue encore au poste d'entraîneur-joueur du Vasco de Gama[37]. Un véritable miracle quand on connaît l'hygiène de vie de ce renard des surfaces.

Des écarts de conduite qu'il assume d'ailleurs sans sourciller :

« Je n'ai jamais été un athlète. Un athlète doit manger correctement, dormir correctement et boire correctement. Moi, je ne fais aucune de ces merdes[38]. »

Au sein du FC Barcelone, au milieu des années 1990, il forme un duo d'attaque explosif avec Hristo

---

36. « Le petit ».
37. Le 28 décembre 2007, la justice sportive brésilienne le condamne à une suspension de 120 jours, après un contrôle antidopage positif à la finastéride, un produit censé empêcher la chute des cheveux. Le 28 mars 2008, il annonce officiellement sa retraite.
38. Interview accordée en février 2004 à la chaîne brésilienne TV Globo.

Stoichkov[39] avec qui il partage le même amour des femmes. Les socios se souviennent avec émotion des virées nocturnes des deux compères dans les boîtes les plus chaudes de la capitale catalane. L'acteur Sergi Lopez, rendu célèbre en France avec le film *Western* de Manuel Poirier, supporter du Barça depuis sa naissance, habitait encore Barcelone à l'époque. Il raconte :

« Je me rappelle avoir croisé Romario en boîte un soir, et il avait zappé l'entraînement le lendemain. Il a été sanctionné, alors que la veille, je ne l'avais vu boire que de l'eau. Lui, ce qu'il aimait, c'était la musique et les jolies femmes[40]. »

Une inclination qui va aller en grandissant au fil de sa carrière. En 1999, il a 33 ans quand il se fait virer de Flamengo pour avoir été vu, la veille d'un match décisif, en compagnie de call-girls dans une discothèque de Rio.

---

39. Il est élu Ballon d'Or en 1994. Son compère Romario, après la victoire du Brésil lors de la Coupe du monde 1994, obtient le titre de meilleur joueur décerné par la FIFA.
40. Entretien accordé au mensuel *So Foot* en novembre 2007.

Jusqu'au-boutiste, Romario, au moment de signer avec le Vasco de Gama, exigera une clause lui permettant de fréquenter tous les établissements de nuit qu'il désire. Même à 24 heures d'une rencontre ! Sacré Romario. Impayable et bien payé…

Mais le Brésil n'avait encore rien vu. Le pays du football allait enfanter deux spécimens hors-normes avec Ronaldo et son cadet Ronaldinho. Assommés de milliards et enivrés de gloire, les deux phénomènes vont atteindre le paroxysme du délire. Une vie à la *Scarface*, qui fait passer leurs glorieux aînés pour de minables pieds tendres.

2

RONALDO N'EN FAIT QU'À SA TÊTE

La scène se déroule le lundi 22 septembre 2003. Il est 21h30 et la nuit tombe doucement sur la zone résidentielle de la Morajela, dans le nord-ouest de Madrid. Ce jour-là, Luiz Nazario de Lima, dit « Ronaldo », souffle ses vingt-sept bougies. La réception, digne d'un festin de l'empereur Caligula, restera comme l'un des actes fondateurs les plus éblouissants de la décadence des rois du football.

Dès les premiers moments de la soirée, l'effervescence gagne le splendide chalet de 1 000 mètres carrés que l'attaquant du Real Madrid a acquis deux mois plus tôt pour trois millions d'euros. Noceur devant l'éternel, Ronaldo s'est offert un petit caprice : il s'est fait construire une boîte de nuit à l'intérieur de sa demeure. Une bonne manière de rester à l'abri des paparazzis. La fiesta qu'il organise sera le meilleur moyen d'inaugurer son dernier joujou. Franck Trax, le meilleur DJ d'Espagne, qui a fait les belles nuits d'Ibiza, est aux platines. Devant la porte d'entrée de la résidence, quatre gorilles à la mine patibulaire assurent la sécurité. Pas moins de quatre cents VIP sont attendus. Et non des moindres ! Ronaldo a bien sûr invité ses partenaires du Real, dont les fameux Galactiques, comme Zinédine Zidane, Raul, Roberto Carlos, David Beckham et Luis Figo. Détail amusant : seul le ténébreux meneur de jeu portugais est accompagné de sa femme, le sublime mannequin suédois Helen Swedin. Christian Vieri et Rivaldo, qui évoluent alors respectivement à l'Inter et au Milan AC, ont même fait le déplacement d'Italie pour participer à la réception de leur copain.

« Une fête de Ronaldo, ça ne se rate pas ! », glissent-il d'un air entendu aux paparazzis qui font le planton devant la maison de Ronnie. « La solitude, ce n'est pas mon truc. Je préfère avoir des gens autour de moi pour m'amuser[41] », répète à l'envie Ronaldo. Steve

41. Entretien dans *L'Équipe Magazine* du 17 avril 2004.

McManaman, l'un de ses anciens coéquipiers au Real Madrid, confirme :

« Chez Ronaldo, il y a des gens partout 24 heures sur 24. Tous partagent le repas et la piscine. Il y a même dans le jardin une fontaine de bière où chacun vient tirer son demi-pression[42]. »

RONALDO N'A PAS FROID AUX YEUX

Cette nuit-là, le *goleador* brésilien, double-Ballon d'Or et double-champion du Monde, dont le salaire culmine à 20 millions d'euros par an, n'a pas le temps de s'ennuyer. Tous ses potes sont là. Et pas seulement des footeux. Avec une moyenne de dix femmes pour un homme, les nombreuses « amies » de Ronaldo n'ont pas boudé leur bon plaisir. Des stars du cinéma ou de la télé espagnole, des mannequins en vogue, présentes à Madrid pour la semaine de la mode, font aussi partie de la délégation. Et ce n'est pas tout ! Une horde de belles inconnues en tenue légère, en dépit des premiers

42. *El Macca*, Steve McManaman et Sarah Edworth, Simon & Schuster, 2004.

frissons de ce début d'automne, arrivent à pied, et se dirigent presque à la queue leu leu vers la Morajela. Dans ce quartier résidentiel plutôt paisible, les riverains se frottent les yeux pour y croire.

« Mais qui sont ces filles ? », s'écrie un voisin mi-rigolard, mi-envieux.

Des professionnelles ? Non ce n'est pas possible ! Ronaldo n'a pas pu prendre ce risque. À la fin des années 1990, lorsqu'il évoluait à l'Inter de Milan, « Il fenomeno » s'est fait épingler par les journaux transalpins pour sa fréquentation assidue d'un réseau de call-girls démantelé par les carabiniers italiens. Mais cette nuit du 22 septembre 2003 restera à jamais marquée d'une pierre blanche : dans le milieu local des habitués de la prostitution, grands perdants de la fête de Ronaldo, on en parle encore comme de celle de « la grande disette ».

La vie dissolue de Ronaldo a déjà fait couler beaucoup d'encre sur la péninsule ibérique. En 2002, l'année de son arrivée à Madrid, une caméra cachée le surprend torse nu dans une boîte de nuit, entouré d'une nuée de demoiselles. L'affaire fait grand bruit. Les images, peu flatteuses pour l'image du club *merengue,* poussent les dirigeants à prendre des mesures radicales. Ainsi, tout média qui dévoile des images privées des joueurs se voit désormais retirer son accréditation pour accéder au centre d'entraînement du Real.

Les menaces de Jorge Valdano, le directeur sportif du club, ne souffrent d'aucune ambiguïté :

« Celui qui ne respecte pas le Real, ses joueurs et leur vie privée ne trouvera plus les facilités qu'il y trouvait. » Et d'ajouter :

« Qu'un joueur de 26 ans sorte avec des amis après un match, c'est nécessaire. Il ne peut pas vivre tout le temps sous tension. Mais nous, on doit mettre des limites pour les médias. On doit s'adapter aux nouvelles réalités. »

En interne, les langues se délient. L'entraîneur Vicente Del Bosque tire le premier :

« Dès le premier jour, j'ai bien compris à qui j'avais à faire. Ronaldo est un type et un joueur singulier. Ou on l'aime comme cela, ou on ne le prend pas. »

Et de préciser plus vachard :

« Avec Ronaldo, le Real n'est ni meilleur ni pire qu'avant. »

Jorge Valdano, qui n'a pas la langue dans sa poche, dégaine à son tour :

« Il y a des gens qui ont l'esprit grégaire, d'autres qui ont une fibre plus artistique, plus libre. Ronaldo est de ceux-là, comme Maradona ou Romario. Il ne faut pas avoir peur des mots : c'est un individualiste, oui ! »

Le président Florentino Perez, tape aussi du poing sur la table en exigeant de ses joueurs de signer un code de bonne conduite. Ronaldo, un brin gêné, leur promet de mieux se comporter à l'avenir.

Un savon qui ne va pas refroidir les ardeurs de Ronaldo qui célèbre goulûment son vingt-septième anniversaire, l'âge d'or du footballeur selon les spécialistes. Celui de la maturité. « Autant du point de vue technique que "tacquetique" », pourrait dire notre Didier Deschamps national. L'événement laisse tout de même des traces indélébiles. Au petit matin, Vania Millan, une ancienne miss Espagne, quitte la demeure en pleurs. « Ronnie ne m'a pas calculée de la soirée », lâche-t-elle visiblement éméchée, avant de s'engouffrer dans le taxi qui l'attend depuis une bonne heure. Le lendemain, sur la chaîne Tele5, l'émission quotidienne « Aqui hay tomate[43] », une version *trash* de *Voici*, revient sur la folle nuit. Deux filles témoignent sous couvert d'anonymat : « Whaou, c'était incroyable cette soirée. On n'a jamais vu autant de gens faire l'amour. »

Cinq jours après le grand barnum, le Real Madrid connaît à Valence son premier revers de la saison. Ronaldo, évanescent, est la cible de violentes critiques. Réplique cinglante de la star :

« Je suis capable de faire la fête le lundi et d'être à 100 % sur le terrain le samedi. »

Plus embarrassant, fin septembre, de retour des États-Unis où elle vient de disputer la Coupe du Monde de football féminin, sa femme, Milene Domingues, mère de son fils Ronald, né en 2000, demande le divorce. Les extravagances de son incorrigible mari auraient-elles déjà traversé l'Atlantique ?

Quelques semaines plus tard, lors d'une conférence de presse surréaliste, Rodrigo Paiva, le porte-parole du couple, confirme la séparation :

43. Un titre que l'on pourrait traduire ainsi : « Ici, il y a anguilles sous roche. »

« Les rapports entre eux se sont dégradés depuis quelque temps et même si le couple vivait sous le même toit et partageait la même chambre, il n'avait déjà plus des relations de mari et femme. »

De son côté, en bon sportif de haut niveau, Ronaldo démontre un moral à tout épreuve :

« Je m'attendais à cette issue. Mais je ne suis pas triste, j'ai connu des choses plus difficiles dans ma vie. »

ON L'APPELAIT « MONICA »

Ronaldo n'a pas toujours dégusté la vie comme un gros paquet de bonbons. Fils de Nelio, manutentionnaire à la Compagnie des téléphones, et de Sonia, caissière de supermarché, il a vu le jour à Bento Ribeiro, modeste faubourg de Rio de Janeiro. Il reçoit son premier ballon à Noël, en 1980. Il a quatre ans et ne va plus quitter sa petite balle qu'il serre dans ses bras au moment de se coucher. Adolescent, il souffre de son physique ingrat. Ses camarades l'affublent même du surnom de « Monica », comme l'héroïne d'un manga japonais très populaire au Brésil, une petite fille aux grandes dents.

Ronnie oublie ses complexes sur le terrain de football où il multiplie les exploits. À quatorze ans, alors qu'il évolue chez les juniors du Sao Cristavo, il tape dans l'œil d'Alexandre Martins et Reinaldo Pitta, deux sulfureux hommes d'affaires[44] qui viennent d'acquérir le club qui se morfond en deuxième division. Pitta et Martins, en bons Thénardier du ballon rond, comprennent vite qu'ils ont découvert leur diamant. À travers leur société Gortin Corporation, ils acquièrent les droits fédératifs du jeune attaquant pour l'équivalent de 6 000 euros. Trois ans plus tard, il a 17 ans quand il devient, sans jouer, champion du Monde lors de la Coupe du Monde aux Etats-Unis de 1994. La même année, il intègre le club hollandais du PSV Eindhoven qui l'achète 6 millions d'euros. Pinta et Martins se frottent les mains. Ronnie, lui, se révèle à l'Europe du football en inscrivant la bagatelle de 30 buts en 33 matches. Une star est née.

44. Ils ont été condamnés à de multiples reprises par la justice brésilienne pour fraude, évasion fiscale et corruption de fonctionnaires. En décembre 2005, ils sont interpellés par 60 agents fédéraux dans le cadre de l'opération « Firula ». Les deux hommes sont soupçonnés d'avoir détourné et blanchi plusieurs dizaines de millions de dollars provenant de transferts de joueurs.

Une légende est en marche. Le prolifique avant-centre se souvient avec émotion de sa douce période batave :

« Aux Pays-Bas, j'ai découvert une culture très permissive. Ça a été une surprise. J'ai compris là-bas que le sexe est une bonne chose, nécessaire et salutaire, et que ça ne fait aucun mal au football. »

LES VÉRITÉS CRUES DE RONALDO

Quand il parle de sexe, Ronaldo ne s'encombre pas de pudeur de jeune fille. Dans une interview croustillante accordée au magazine italien *GQ*, en février 2004, le buteur se confesse à Fernanda Lima, ex-top model et égérie de la chaîne MTV au Brésil. Un face à face d'anthologie, immortalisé par une série de photos, où l'on voit les joues rondes de Ronnie trouver refuge dans le décolleté plongeant de la charmeuse de choc. Les journalistes sportifs professionnels devraient plus souvent arborer des paréos zébrés. Révélations garanties. Extraits :

Fernanda Lima : – Tu te souviens de ton premier baiser ?

Ronaldo : – J'avais quinze ans. Je jouais avec les jeunes du Cruzeiro.

– Cela t'a mis mal à l'aise ?

– Oui. Beaucoup.

– Et lors de ton premier rapport sexuel ?

Ronaldo, dont le front commence à se perler de gouttes de sueur : – J'étais complètement confus.

– Et tu l'as revue ?, interroge Fernanda, la bouche en cœur.

– Non, mais je me souviens très bien d'elle. Elle est née le même jour que moi.

– Tu as déjà eu des propositions d'hommes ?, demande Fernanda, un brin provocatrice.

– Non ! Et de toute façon je n'aurais jamais été d'accord, répond un Ronaldo, rouge pivoine.

– Plus jeune, tu fantasmais sur qui ?

– "Xuxa"[45]. C'était une période où je lui aurais bien fait un enfant, se souvient Ronaldo, un tantinet nos-

45. Voir chapitre précédent.

talgique [Comme quoi Pelé a su faire naître bien des rêves...].

– Tu t'es déjà masturbé avant un match ?

– Non. Jamais.

– Tu peux faire l'amour avant de jouer ?

– Cela m'est déjà arrivé plusieurs fois. Et, à chaque fois, je suis meilleur sur le terrain.

– Quand tu es seul, tu es un coureur ?

– Je n'ai pas passé beaucoup de moments seul. J'aime sortir et me divertir et j'adore le jeu de la séduction, répond Ronaldo, au bord du fou rire.

– Les femmes, tu les préfères comment ? Saintes ou putes ?

– Quelle question ! Je dirais entre les deux, s'étonne Ronaldo, mains sur la tête.

– Blondes ou brunes ?

– Blondes, mais de vraies blondes.

– Siliconées ou naturelles ?, s'interroge Fernanda, la poitrine ostentatoire.

– Peu importe. Je n'ai pas de préférence.

– Qu'est-ce qui t'attire en premier chez une femme ?

– Bah, le regard, s'excuse Ronaldo, un chouia convenu.

– Tu es fétichiste ?

– J'aime les minijupes et les talons hauts. Ronaldo transpire désormais à grosses gouttes.

– Pourquoi tu ris ?

– Je suis gêné.

– Je suis sûre qu'avec tes copines, tu n'as pas ce genre de pudeur !

– Mais elles ne me parlent pas de cela !

– Combien de fois par semaine ?, demande Fernanda, droit au but.

– Combien de fois quoi ?, s'étonne Ronaldo, faussement naïf.

– Combien de rapports sexuels ?, rappelle Fernanda, inflexible.

– Je ne sais pas. Je ne sais plus où me mettre !

– Ça va, relaxe-toi, on parle entre nous !

– Alors invente la réponse, anone Ronaldo.

– Ah non ! J'attends la réponse du phénomène…

– L'interview est finie ?, implore Ronaldo dans un rire étouffé.

– Non, j'attends la réponse !

– Je ne pense pas être le meilleur pour juger de ce que je fais. Je préfère que ce soient les autres qui le disent.

– Bon, très bien, mais je n'ai jamais fait l'amour avec toi, alors je ne peux pas répondre !

– Alors demande à quelqu'un avec qui j'ai eu des rapports sexuels…

– Ah, Ronaldo, quelle désillusion ! Tout le monde veut savoir. Tu veux que je me plante avec mon interview ou quoi ?, regrette Fernanda Lima qui ne lâche pas son pressing tout terrain.

– Bon, mais je ne te dis pas quand, ni avec qui !

– Tu as un fantasme sexuel ?, demande-t-elle en transe.

– Eh ma belle, je pense t'en avoir dit suffisamment sur mes fantaisies, non ?

– Je ne sais pas. Raconte-moi déjà ceux que tu as déjà réalisés…, minaude la Brésilienne.

– Je fréquentais en même temps, mais séparément, deux femmes mariées. C'étaient deux maîtresses extraordinaires.

Fernanda Lima décide alors de porter l'estocade finale : – Tu as déjà participé à une partouze ?

Ronaldo, inquiet, tourne sept fois la langue dans sa bouche. On sent le débat intérieur qui l'habite à ce moment-là. Répondre par l'affirmative, c'est risquer de lourdes réprimandes de son club et de ses annonceurs. De l'autre, affirmer qu'il n'a jamais connu ce genre de parties ne paraît guère crédible. Surtout pour la communauté sportive qui a eu la chance de participer à son anniversaire. Malin, Ronnie, décide de botter en touche :

– Mais qu'est-ce que tu recherches ? Tu veux foutre en l'air mon image ?

– Bon d'accord, on retire la question. D'habitude, c'est toi qui prends l'initiative ?

– Je ne suis pas le genre à prendre l'initiative, mais je suis timide, super timide, rétorque Ronaldo d'une modestie qui ne dupe personne.

– Tu es pareil dans le corps à corps ?

– Après une dizaine de minutes, je commence à m'améliorer, s'esclaffe la star.

– Alors combien de fois par semaine ? Tu ne veux toujours pas répondre ?

– Bon, ça va. Trois fois, avoue-t-il, à bout de souffle.

L'homme qui dit « être meilleur quand il honore une femme » devrait à ce rythme tutoyer encore les sommets avec deux matchs en moyenne chaque semaine. Hélas, la mécanique semble aujourd'hui grippée. Au fil des années, son corps s'est transformé dans les méandres de ses frasques nocturnes. « El gordito[46] » a pris le pas sur « El fenomeno ».

À Madrid, sa courbe de poids est l'un des sujets favoris des journaux sportifs *As* et *Marca*. Lors des visites médicales, Ronaldo rechigne à s'en informer. Une phobie qu'il connaissait déjà quand il jouait à l'Inter de Milan, son précédent club. Stéphane Dalmat, son coéquipier pendant trois ans en Italie, raconte[47] :

« Ronaldo refusait de monter sur la balance ! Il disait que voir ses kilos le minait. Il y a eu une grosse engueulade avec le préparateur physique. L'entraîneur Hector Cuper les a séparés. C'était très chaud ! »

Le site officiel du club madrilène persiste à indiquer 83 kg pour 1,83 mètre. Inconcevable pour les journalistes espagnols, qui évaluent sa surcharge pondérale à au moins cinq kilos. En cause ? Sa consommation

---

46. « Le grassouillet », en espagnol.
47. *L'Équipe Magazine* du 10 juin 2006.

excessive d'alcool durant sa *movida* nocturne. Dès sa première saison au Real, il sèche plusieurs entraînements matinaux. La presse se déchaîne et dégaine les titres acidulés du style :

« Les secrets de la gueule de bois de Ronaldo », ou plus vachard encore : « Aura-t-il cuvé pour le match de samedi ? »

Ronaldo est aussi réputé pour son coup de fourchette. La vie frugale, très peu pour lui. Il n'hésite pas à s'offrir un aller-retour à Paris pour dîner à une table étoilée du Michelin. À Madrid, il a son rond de serviette chez De Maria, un restaurant argentin situé au centre-ville. Le Brésilien y a loué une salle à l'année. Et à chaque fois qu'il y dîne, un étrange ballet se déroule sous les yeux des clients. Dans l'arrière-salle du restaurant, une flopée de jeunes filles, attirées par le miel de la notoriété, attendent devant la porte que Ronnie les invite à sa table.

« Toi, oui, tu peux venir. Non, pas toi, tu es trop moche », leur ordonne-t-il tout en dévorant son steak de bœuf taille XXL.

Une sélection digne de la plus cruelle émission de télé-réalité. Sans doute une façon pour « Monica » Ronaldo de se venger de ses blessures d'enfant.

Une question brûle alors toutes les lèvres : Ronaldo pourra-t-il trouver un jour la voie de la sagesse ? Ce 14 février 2005, chacun est enclin à le croire. Ou du moins à l'espérer.

LES JOIES DU MARIAGE

Car Ronaldo, piqué d'une soudaine fièvre de romantisme, a décidé de se marier le jour de la Saint-Valentin ! L'heureuse élue ? Daniella Cicarelli, une jolie blonde de 23 ans, l'un des mannequins les plus en vue au Brésil, où elle présente une émission sur la chaîne MTV. Depuis plusieurs mois, le jeune couple s'active pour faire de cette cérémonie l'événement de l'année. Daniella supervise d'une main de fer les moindres détails. Elle a choisi le célèbre DJ anglais Fat Boy Slim pour animer la soirée. Elle a même établi le plan de table des 250 invités, où l'on compte toutes les stars de la planète à l'image de Michaël Schumacher, le sextuple champion du Monde de Formule 1. Ronaldo, lui aussi, paie de sa personne. Privilège rare, il a réussi à réserver pour 50 000 euros le somptueux château de Chantilly, près de Paris. L'ancienne propriété des princes de Condé, cousins des rois de France. Rien de moins ! Généreux avec ses 17 copains du Real Madrid, il a prévu de leur affréter spécialement un jet privé.

Hélas, un mois avant le Jour J, une petite contrariété vient obscurcir ce qui doit être le plus beau mariage de ce 21e siècle : le divorce avec Milene Domingues traîne en longueur sur le plan administratif. Pis, la loi espagnole prévoit qu'un remariage n'est possible qu'au terme d'une année après le prononcé du divorce. Résultat : Ronaldo est dans l'impossibilité de se marier juridiquement avec sa belle. L'avant-centre du Real encaisse le coup avec difficulté. Il ignore encore qu'il s'agit, sans doute, de la meilleure chose qui lui soit arrivée dans sa vie…

Mais les tourtereaux ne peuvent plus faire machine arrière. Tout a déjà été payé : la location du château, les jets privés, les bijoux de la Place Vendôme… En tout, Ronaldo a dépensé près de 700 000 euros pour les festivités. Et puis, la presse mondiale fait déjà depuis plusieurs semaines ses gorges chaudes de cette union royale. À défaut de mariage, Ronaldo et Daniella célébreront donc leurs fiançailles. Comme pour mieux sauver un immense plan de communication au bord du naufrage, David Espinar, l'agent de Ronaldo, un brin échaudé par le ridicule de la situation, expliquera sans convaincre :

« Ces éléments de dernière minute ne sont pas très importants. Nous, nous continuons à parler de fête de mariage. »

Les 250 convives ne s'embarrasseront pas de ces menus détails. Ils répondront tous présents à la fabuleuse réception de l'ami Ronaldo. Mariage ou pas, les fêtes du Brésilien s'inscrivent de toute façon dans la postérité.

RONALDO PRÉFÈRE LA VASECTOMIE

La suite est, malheureusement, moins réjouissante. Un mois après les « noces de Chantilly », alors que le jeune couple participe à une œuvre de charité à Madrid,

Daniella, victime d'un malaise, s'effondre. Transportée en hâte dans une clinique privée madrilène, les examens médicaux révèlent que la jeune femme est enceinte d'au moins un mois. Une vraie surprise pour Ronaldo qui accueille la nouvelle avec circonspection. Daniella n'a manifestement rien de la Sainte Vierge. Le *goleador* a compris que sa jeune fiancée n'avait pas plus de vertu que lui. Ronnie sait qu'il ne peut pas être le père de cet enfant. Et pour cause !

L'information n'a encore jamais été révélée mais, en 2003, après sa séparation avec Milene Domingues, le joueur a subi une vasectomie ! Une stérilisation masculine qui consiste à ligaturer le canal déférent de chaque testicule. Une opération chirurgicale bénigne, reconnue comme le moyen de contraception masculine le plus fiable, même si elle n'offre aucun moyen de protection contre les maladies sexuellement transmissibles.

Cette pratique a séduit bon nombre de footballeurs brésiliens qui veulent ainsi éviter de tomber dans le piège des « Maria-Chuteira », comme on les surnomme au Brésil. Ces femmes qui, littéralement, « s'accrochent à la chaussure », ont comme but ultime de séduire, puis de se faire féconder par un joueur de foot afin d'assurer leur avenir matériel.

L'histoire entre Ronnie et Daniella n'en avait pas terminé avec les coups de théâtre. Quelques jours plus tard, Daniella, en soin à l'Hôpital Albert Einstein de Sao Paulo, annonce publiquement avoir fait une fausse-couche : « Un surmenage dû à ses multiples voyages et enregistrements d'émissions de télévision », explique pudiquement le communiqué envoyé aux médias brésiliens. De son côté, Ronaldo, resté à Madrid, pour des raisons professionnelles, communique à travers son attaché de presse : « Nous sommes très affectés par ce qui arrive, mais le plus important est que Daniella soit en bonne santé. Elle est jeune et pourra de nouveau tomber enceinte. »

Pas de lui en tout cas. Soixante-trois jours après leur tapageuse union, le couple décide de se séparer. L'annonce tire une larme à Carlos Parreira, le sélectionneur brésilien :

« C'est dommage, elle lui préparait de bons petits plats diététiques. »

Dans le *Playboy* brésilien daté de mai 2005, Daniella croit bon de dévoiler des pans entiers de leur intimité :

« Ronnie n'arrêtait pas de me tromper. Personne n'imagine à quel point j'en ai souffert. »

Une bonne manière aussi d'influer sur le juge devant statuer sur les 4 millions d'euros, soit 63 000 euros par jour de vie commune, qu'elle réclame à la star du ballon rond qui a eu l'imprudence de signer un contrat prénuptial. Daniella se remettra aisément de ce terrible chagrin d'amour. Peu après son entretien choc, les paparazzis la surprennent en galante compagnie.

Pis, en septembre 2006, une vidéo très chaude circulant sur Internet crée le scandale au Brésil. On y voit Daniella Cicarelli en train de faire l'amour dans la mer avec son nouveau Jules, un certain Renato Malzoni, un banquier d'affaires. *La Gazetta dello sport*, le quotidien sportif italien le plus lu, relaie l'information. Toute l'Europe du foot est au courant des frasques de l'ex de Ronaldo. L'avant-centre du Real est la risée de ses coéquipiers.

Et si Ronaldo était tout simplement tombé sur plus fort que lui ?

Peu importe ! Aujourd'hui, l'homme qui a tout gagné balle au pied nourrit d'ambitieux desseins. Des projets bien éloignés des tracas de la vie conjugale. Oui, l'ambassadeur spécial des Nations-Unies veut désormais entrer dans l'Histoire. Pas celle du football, où il trône déjà en bonne place, mais celle de l'humanité. En toute modestie :

« Je vais travailler toute ma vie dans ce domaine et me battre pour gagner un Prix Nobel de la paix. Cela me satisferait beaucoup. C'est un sacrifice qui en vaut la peine[48]. »

Ronaldo, déjà papa du petit Ronald[49] qu'il n'a pas eu le temps de voir grandir, a tout de même fait congeler son sperme dans une clinique brésilienne. Une fois sa carrière terminée, il pourrait manifester le désir d'agrandir sa descendance. Ce serait, à coup sûr, une bonne nouvelle pour le football…

Mais Ronaldo pourra-t-il renoncer à tous les plaisirs que lui offre son existence ? Sa réputation de bambo-

48. Interview donnée le 10 décembre 2005 au journal *Epoca*.
49. En hommage à son idole, Ronald Mc Donald, le fondateur de la célèbre marque de *fast-food*.

cheur qui lui colle comme un sparadrap s'accommode mal à celle d'un nobélisable. Plus fâcheux, ses fredaines, relayées par les médias du monde entier, commencent à lasser.

Durant l'été 2005, une soirée organisée dans la suite d'un hôtel de Sao Paulo en compagnie de mannequins choisis par son nouvel ami, le cheikh de Dubaï, Maktoum Hasher Maktoum al Maktoum, crée un énième scandale. D'autant que la même année, le nom de Ronaldo est cité dans le cadre d'une enquête sur un trafic de drogue par Internet à Niteroi, ville située de l'autre côté de la baie de Rio. La star a eu le tort de fréquenter de trop près la sœur de Livia Lemos, l'un des cerveaux du réseau. À la suite du témoignage de Ronnie, la police écarte l'hypothèse de sa participation au trafic. Mais le doute s'installe. Son image se brouille. Ronaldo, le flegmatique, affiche même une inhabituelle agressivité.

Lors de la préparation de la Coupe du Monde 2006, son poids qui flirte avec les 95 kg tourne à l'affaire d'État. Cinq jours avant l'entrée en lice du Brésil face à la Croatie, le président brésilien Lula met les pieds dans le plat lors d'une visioconférence avec le sélectionneur Pareira :

« Et Ronaldo, il est vraiment gros ? »

Pareira restera interdit devant la question que tout le monde se pose, mais que personne, hormis le chef d'État, n'a osé formuler publiquement.

Blessé dans son orgueil, Ronaldo réplique dès le lendemain :

« Tout le monde prétend que le président boit. Alors de la même façon que dire que je suis gros est un mensonge, ça doit être faux d'affirmer qu'il boit. »

Pour dégonfler la polémique, le président Lula enverra un bien piteux fax d'excuses.

Ronaldo tente alors de répondre sur le terrain. Après un début poussif contre les Croates, il inscrit un doublé face au Japon et marque encore un but. Avec quinze réalisations, il devient ainsi le meilleur buteur de l'histoire de la Coupe du Monde. Cette brève renaissance ne résistera pas au talent de Zidane qui élimine à lui seul le Brésil lors d'un quart de finale d'anthologie[50]. Évanescent lors de ce match, Ronaldo redevient la

50. Le 1er juillet 2006, la France bat le Brésil 1 à 0 sur un but de Thierry Henry.

cible des journaux. Les médias brésiliens tirent à boulets rouges sur le « gros ». Ils exhument des photos des fiestas qui ont émaillé les nuits chaudes de Ronnie durant la préparation de cette Coupe du Monde. Des clichés d'une fameuse soirée à Lucerne[51], pris à la discothèque Adagio, viennent étayer le carnaval de *lazzis* balancés par les reporters brésiliens. On y voit notre « Ronnie DJ », gai comme un pinson, en train de faire tourner les platines sous les yeux admiratifs de ses coéquipiers Adriano, Dida, Robinho, Emerson et Julio César. La fine équipe en pleine action…

Ricardo Teixeira, le président de la Fédération brésilienne, ne ménagera pas non plus ses troupes. Lors d'un entretien avec un journaliste du *O Estado de Sao Paulo*, le patron du foot *auriverde* se lâche :

« De toute façon, nous ne pouvions pas gagner la Coupe du Monde dans ces conditions. Certains joueurs rentraient de boîte entre 4 et 6 heures du matin, complètement ivres[52]. »

Et de tacler violemment l'icône déchue :

---

51. Pour préparer la Coupe du Monde, la sélection brésilienne a séjourné dans cette ville suisse du 24 mai au 4 juin 2006.
52. Édition du 1er août 2007.

« Comment un sportif peut-il arriver dans une Coupe du Monde en pesant 98 kg ? J'en fais pratiquement autant et je ne suis pas un athlète ! »

Son retour à Madrid n'est pas plus glorieux. Ramon Calderon, le nouveau président du Real, pose les premières banderilles :

« Ronaldo a un rendement plus important la nuit que sur le terrain et je vais me charger d'y remédier. »

Le coup de grâce est porté par Fabio Capello[53], le rigoriste entraîneur italien :

« Quand Ronaldo ressemblera à un vrai joueur de foot, je le ferai jouer. Pour le moment, il rééduque son genou aux ultrasons de la bossa-nova, et ce n'est pas acceptable. »

Un brin pervers, le coach du Real pousse le vice jusqu'à enregistrer les déplacements de son joueur à l'aide d'une puce électronique. Sur le terrain, l'avant-centre ne court pas plus d'un kilomètre, alors que ses coéquipiers alignent entre 10 et 12 kilomètres par

53. L'ancien entraîneur du Milan AC ne restera que la saison 2006-2007, malgré un titre de champion d'Espagne. Il est aujourd'hui sélectionneur de l'équipe d'Angleterre.

match ! Comme assoupi par les millions qu'il a engrangés durant ses quatorze ans de carrière, un matelas douillet proche de 150 millions d'euros, Ronnie peine à bouger sa lourde carcasse.

En janvier 2007 lors du Mercato d'hiver, il est bradé au Milan AC pour 7 millions d'euros[54]. À 31 ans, l'ancien meilleur joueur du monde, tel un roi déchu, entame un long et douloureux déclin en dépit de quelques fulgurances aussi rares que spectaculaires[55].

ADRIANO, LE SUCCESSEUR

À Milan, Ronaldo retrouve un temps son copain, Adriano Leite Ribeiro, ou plutôt « son clone », ricanent, vachards, les journalistes cariocas. Adriano traverse alors une bien mauvaise passe dans son club de l'Inter de Milan. Les dirigeants du club intériste l'accusent publiquement d'alcoolisme. À 25 ans, celui que l'on présentait comme le digne successeur de Ronaldo

54. En 2002, le Real Madrid l'avait acquis pour 52 millions d'euros.
55. Le 13 janvier 2008, après des blessures à répétition, il est titularisé face à Naples et inscrit un doublé lors de la victoire milanaise, 5 buts à 2. Quelques jours plus tard, il se blesse de nouveau gravement. Et reste éloigné des terrains pour une durée de neuf mois.

poursuit une trajectoire bien claudicante, à l'image de sa démarche à la sortie des boîtes de nuit.

Heureusement, l'« *Imperatore*[56] », comme on l'a surnommé au début de sa carrière, peut compter sur l'indéfectible soutien du roi Ronnie. Ensemble, ils aiment à refaire le monde au club Hollywood, la boîte la plus *hype* de Milan. Comme son modèle, Adriano a aussi aménagé une discothèque à son domicile, une somptueuse villa bordée par le lac de Côme. Grand prince, Adriano, y invite le Tout Milan : des mannequins cocaïnés, des industriels médiatiques et évidemment des stars du *show-biz*. Le très caféiné George Clooney, qui a lui aussi acquis une demeure paradisiaque au bord du lac, participe parfois à ces petites sauteries. Histoire sans doute d'entretenir des relations de bon voisinage. Hélas, la grande bourgeoisie lombarde, ourlée de charme et de discrétion, voit d'un très mauvais œil ces soirées felliniennes. Des fêtes à 40 000 euros qui salissent la majesté et la quiétude du lieu. Ainsi, trois à quatre fois par semaine, les carabiniers viennent siffler les trois coups pour interrompre les bruyantes parties

56. « L'empereur ».

des rois du gazon. Sur la pelouse, en revanche, les prestations d'Adriano chatouillent les plumes acérées des journalistes. La *Gazetta dello Sport*, le journal sportif de référence en Italie, révèle les exploits nocturnes de l'attaquant de l'Inter. Une photo le montre en fâcheuse posture. Torse nu, une clope dans une main et un verre dans l'autre, le Brésilien est serré de près par deux charmantes créatures à la poitrine généreuse. Un vrai marquage à la culotte. Enfin, un marquage au short, puisque le joueur arbore fièrement un short brésilien dont une protubérance laisse deviner qu'il passe plutôt une agréable soirée. C'en est trop pour les supporters. Au stade San Siro, les tifosis le conspuent à chaque toucher de balle. Pire, le divorce est consommé avec ses partenaires. Ils ne viennent même plus le féliciter quand – chose de plus en plus rare – il inscrit un but. Javier Zanetti, l'austère Argentin, mène la fronde. Le capitaine de l'Inter de Milan ne supporte pas que le plus gros salaire du club (5 millions d'euros nets annuels) se vautre ainsi dans le stupre.

Durant l'été 2007, l'« *Imperatore* », qui a perdu de sa superbe, se lance alors dans un détonnant *mea-culpa* :

« J'ai un problème avec l'alcool et j'ai trop abusé des soirées. Je le regrette aujourd'hui et je ferai tout pour redevenir celui que j'ai été[57]. »

Un élan de sincérité qui ne parviendra pas à convaincre l'entraîneur Roberto Mancini et ses dirigeants, qui cherchent par tous les moyens à se débarrasser de l'encombrant attaquant. « Il n'est pas bien. Sinon, il jouerait. Lui, comme tous les autres, doit avoir une vie d'athlète. Si je ne le retiens pas pour jouer, c'est parce que je ne le juge pas en condition pour le faire. Je n'ai absolument rien contre lui », juge alors le coach de l'Inter de Milan.

Pris de désespoir, le staff envisage même, un temps, de l'échanger contre… Ronaldo !

Finalement, fin 2007, l'enfant terrible prend la direction du FC Sao Paulo, club où il est prêté gratuitement pour six mois. Les dirigeants milanais, trop heureux de se séparer de leur boulet, lui posent toutefois une condition : suivre un stage « psychologique » dans une clinique spécialisée afin de se remettre d'aplomb pour

57. *La Gazetta dello Sport* du 21 juillet 2007.

la reprise du championnat brésilien, prévue début janvier 2008. Des termes bien pudiques pour signifier que le joueur a besoin d'une bonne cure de désintoxication.

À son arrivée au club, Adriano semble alors dans les meilleures dispositions, comme il le déclare lors de sa première conférence de presse :

« J'ai reçu ici, dès mon arrivée, différentes manifestations d'affection et de la sympathie de la part de tous, cela me fait un grand bien. Certains déclarent que j'ai recouru à l'alcool pour dépasser mes problèmes, mais ce n'est pas tout à fait ça. N'importe qui peut traverser une mauvaise passe, je suis une personne normale. J'espère en sortir pour rendre à nouveau heureux les membres de ma famille et rejouer au football, ce qui est la chose que j'aime le plus. Je veux retrouver le sourire. »

Promesses d'ivrogne ? L'incorrigible Adriano semble retrouver le sourire à la seule condition d'être entouré de jolies filles et d'alcool. Dans son édition du 24 décembre, le quotidien argentin *Olé* l'exhibe en charmante compagnie en train d'enchaîner les bocks de bière lors d'un concert de samba donné par le groupe Jota Queso à Rio. Profitant de la trêve hivernale, l'ami Ronaldo est évidemment présent ! Un pathétique numéro de duettistes plongés dans les abîmes de la nuit.

Alexandre Pato, la dernière petite merveille du foot brésilien, connaîtra-t-il le même sort que ses illustres aînés ? À 18 ans, le jeune espoir du Milan AC a trouvé en Ronaldo une idole. Mais pas seulement. Aux yeux du jeune joueur, Ronnie est aussi un grand frère, un tuteur. Un véritable chaperon qui a commencé à lui faire découvrir quelques délices milanais. Preuve de son intégration réussie, le jeune Pato a même eu l'honneur d'être invité pour son 31e anniversaire à la Torre del mangia, le restaurant en vogue de la capitale lombarde. Un rendez-vous incontournable de la saison footbalistique.

Reste que l'appétence festive des Brésiliens intrigue et inquiète. Tels des Icare du ballon rond, happés par la gloire et la beauté, nombreux sont ceux à s'y brûler les ailes. Un syndrome qui vient de terrasser le meilleur joueur de la planète : Ronaldinho.

3

LE RÉVEIL DOULOUREUX DE RONALDINHO

« Y'a de la chatte, ce soir ? » C'est par cette entrée tonitruante que le subtil Roberto Assis et son célèbre frangin Ronaldinho ont pris l'habitude de se manifester quand ils franchissent la porte du Los Mexicanos. Le restaurant parisien, où l'on danse et l'on boit au rythme de la salsa, est alors le rendez-vous incontournable des footballeurs brésiliens évoluant en France. On y croise souvent Alex, fêtard invétéré, classé hors catégorie pour ses coups de reins nocturnes. Le fantasque brésilien, ex-star de l'AS Saint-Étienne avec son compère Aloisio, fantomatique au Parc des Princes, retrouve, le soir venu, ses automatismes avec Ronaldinho. Les deux compères aiment ainsi étirer la nuit jusqu'à la fine pointe de l'aube.

LA VILLE DE LA TENTATION

Dès son arrivée à Paris au printemps 2001, Ronaldinho, qui vient tout juste de souffler ses vingt et une bougies, prévient :

« Je n'ai pas peur d'être seul à Paris, je sais que je me ferai beaucoup d'amis là-bas. Avec tous les Parisiens que j'ai déjà rencontrés, le courant est bien passé. Je trouve que les Français sont des gens très sympas[58]. »

Et d'ajouter :

« Je pense que j'ai assez de joie de vivre pour contaminer tout le monde là-bas. »

Ronnie[59] ne croit pas si bien dire. Durant ses deux saisons passées sous les couleurs du PSG, il va enflammer la capitale. Oh, pas toujours balle au pied où ses performances sportives embrassent une ligne sinusoïdale. En revanche, la nuit parisienne, elle, se souvient encore avec émotion du prodige brésilien.

À son arrivée au Camp des Loges pour son premier entraînement avec le Paris Saint-Germain, Luis Fernandez, regard en biais, l'accueille dans son bureau

58. *L'Équipe* du 2 février 2001
59. Ronaldinho porte le même surnom que son aîné Ronaldo.

en lui pinçant les abdominaux, d'un : « Va falloir me muscler ça, hein ! » C'est l'acte fondateur d'une relation qui s'annonce bien tumultueuse.

À Paris, Ronnie n'en fait qu'à sa tête et se fiche pas mal des conseils de son entraîneur. Il veut profiter de la vie. Frénétiquement. Goulûment. Il est le prince de la nuit et entend bien le rester. Tous les lieux branchés de la capitale lui déroulent le tapis rouge. Sur les Champs Élysées, il raffole du restaurant dansant, le Monte Cristo, et boit souvent un verre au VIP, un bar où l'on n'a jamais croisé autant de footballeurs au mètre carré. Ronaldinho découvre aussi le Paris coquin et ses célèbres cabarets. Il devient rapidement un client assidu du Stringfellows, un club de strip-tease du 17e arrondissement. Quand il tombe amoureux, et cela lui arrive souvent, Ronnie, cœur d'artichaut en bandoulière, n'a que quelques pas à faire pour prolonger sa soirée à l'hôtel Mercure qui jouxte le club privé. Des témoins prétendent qu'ils l'ont vu souvent monter avec pas moins de quatre demoiselles. C'est moins qu'une équipe de foot, mais la performance reste de taille.

Flanqué de son pote Alex, le meneur de jeu du PSG est aussi l'un des piliers du Baron. Une institution de la nuit parisienne où la crème de la politique et du *show-biz* vient s'encanailler. L'animateur de télévision Thierry Ardisson est l'un des fidèles de ce bar à filles, comme il l'a raconté à de multiples reprises dans son émission culte « Tout le monde en parle ».

Au Baron, les hôtesses sont splendides et bien peu farouches à condition d'y mettre le prix. L'établissement connaît une triste fin, à l'automne 2003, quand la police découvre, après 18 ans d'existence, que la célèbre adresse de l'Avenue Marceau s'adonne à la prostitution de luxe[60]. Un commerce bien juteux, puisque les jeunes femmes devaient faire boire une ou deux bouteilles de champagne à trois cents euros pièces avant d'être autorisées à quitter les lieux en compagnie de leurs fameux clients. Ces derniers, pour la modique somme de 500 euros, avaient alors le droit de jouer les prolongations dans les grands hôtels de la capitale.

60. Plus connu sous le nom de « Monsieur Jacques », l'ancien patron du Baron, Larbi Methamem, une figure du monde de la nuit à Paris, a été condamné définitivement, en novembre 2007, par le tribunal correctionnel de Paris à dix-huit mois de prison avec sursis et 100 000 euros d'amende pour des faits de proxénétisme.

Ironie de l'histoire : à l'époque, la blague préférée, qui traverse les tribunes du Parc des Princes, est la suivante :

« Quelle différence y a-t-il entre le PSG et une prostituée ? Eh bien, une prostituée est capable de faire trois passes d'affilée. »

LA COLÈRE DE LUIS FERNANDEZ

Il faut dire que sur le terrain, Ronaldinho est moins flamboyant. Attendu comme le messie, payé comme un nabab[61], il peine à trouver ses marques. Son bouillonnant entraîneur le ballotte d'un poste à un autre. Tantôt à droite, tantôt à gauche, meneur de jeu, voire avant-centre, « El gaucho » exhale son talent à de trop rares occasions, comme lors des Classico contre l'OM où il parvient souvent à faire la différence grâce à ses

---

61. Officiellement, Ronaldinho percevait un salaire net mensuel de 100 000 euros. Mais l'enquête sur les comptes du PSG menée par les juges Renaud Van Ruymbeke et Françoise Desset a révélé que le joueur a perçu 15 millions d'euros de salaires occultes.

dribbles inimitables. Mais sitôt le train-train du championnat revenu, Ronaldinho peine à se transcender.

Le 16 novembre 2001, au soir d'un triste match face à Guingamp, Luis Fernandez enjoint à ses joueurs de retourner sur la pelouse du Parc pour y effectuer un décrassage. Le Brésilien est déjà douché et habillé.

Colère noire du sanguin entraîneur :

« Ouais, c'est ça, vous n'avez qu'à tous partir en boîte de nuit ! »

À peine quatre mois après son premier match, l'artiste brésilien traîne déjà une lourde réputation de noceur. À l'issue de la saison 2001-2002, en dépit de quelques prestations de très grande classe, Ronaldinho ne parvient pas à hisser le PSG au sommet. Le club parisien termine quatrième du championnat, une place qui le prive de la lucrative et médiatique Ligue des Champions. L'objectif majeur du club en début de saison.

Le meneur de jeu retrouve néanmoins des couleurs avec la sélection brésilienne, avec qui il devient champion du Monde 2002, en Corée du Sud. C'est donc en héros qu'il retrouve ses coéquipiers parisiens. Mais

Ronnie revient sur les rotules de son Mondial asiatique. Il cumule les blessures et n'évolue pas à son meilleur niveau.

LA NUIT DE TOUS LES PÉCHÉS

Un épisode va définitivement détériorer les relations déjà houleuses qu'il entretient avec Luis Fernandez. En ce mois de novembre, entre un match à Bucarest et un autre à Lens, Luis Fernandez, qui sent que son équipe part à vau l'eau, décide une mise au vert de plusieurs jours dans un hôtel parisien. Une façon de ressouder le groupe et d'avoir un œil sur l'hygiène de vie de ses joueurs. Pour un footballeur, ce rassemblement est souvent vécu comme un vrai supplice. Le joueur, qui consacre en moyenne deux heures par jour à son club, déteste être privé de ses plages de liberté durant lesquelles il aime dépenser sans compter et se consacrer à ses loisirs favoris comme le golf ou la pêche aux jolies sirènes.

À l'instar de ses coéquipiers, Ronnie s'ennuie ferme. Mais le magicien du ballon rond a plus d'un tour dans son sac et sait se montrer très créatif quand la nécessité fait loi. Le jeune homme décide donc de jongler avec le règlement intérieur. Il réserve une chambre au nom de son agent afin d'abriter ses amours clandestines avec l'une de ses nombreuses conquêtes parisiennes. Après l'extinction des feux, il la rejoint à pas de velours. Mais ce n'est pas à un vieux singe comme Fernandez que l'on apprend à faire des grimaces. Méfiant, le coach parisien a demandé à l'un des ses joueurs de jouer les apprentis espions et de marquer à la culotte l'effronté brésilien. Sans scrupules, il obtempère. La petite histoire raconte que c'est en jouant les taupes au profit de son entraîneur que ce défenseur sans génie parvenait miraculeusement à figurer sur la feuille de match chaque samedi soir.

L'oreille collée à la porte de la chambre, l'espion a la confirmation que Ronnie n'est pas en train de jouer au Scrabble avec sa douce.

Bien que pris en flagrant délit, Ronaldinho ne se départ pas de son éternel sourire. « J'ai 22 ans et je veux profiter des plaisirs que m'offre la vie », argue-t-il. Luis Fernandez ne l'entend pas de cette oreille. Il se sent bafoué et voit son pouvoir menacé. Comment asseoir son autorité auprès de ses joueurs s'il laisse l'un des leurs agir à sa guise ? L'ancien milieu de terrain n'en démord pas : il veut une sanction exemplaire contre son joueur. Laurent Perpère, le président délégué du PSG, ne moufte pas. Il n'a pas envie de voir « l'actif n° 1 » s'étioler comme une peau de chagrin alors que le club parisien est submergé par les déficits successifs. En coulisse, un terrible bras de fer s'engage. Le joueur brésilien, conscient de son statut de star, pose un ultimatum à la direction : « C'est Fernandez ou moi ! » Les dirigeants jouent la montre. Pour eux, la star brésilienne est intouchable.

Le coach, désavoué par sa hiérarchie, distille alors son fiel dans la presse. Tantôt saignant :

« L'hygiène de vie de Ronaldinho s'accommode mal avec celle d'un sportif de haut niveau[62]. »

Tantôt perfide :

« Je peux contrôler ce qu'il fait sur le terrain, mais pas en dehors. »

62. Propos tenus lors de la conférence de presse d'après-match (Lens-PSG) du 17 novembre 2002.

Dans un récent livre d'entretiens, *Luis contre-attaque*[63], l'ancien membre du carré magique revient sur le fameux épisode de l'hôtel :

« Quand on organise une mise au vert, qu'on élabore un règlement et que lui, durant cette "retraite", fait monter une fille à l'hôtel, je dois faire quoi ? Admettons que je ferme les yeux. Les autres, ceux qui ont une vie plus rangée, viennent me voir et me disent : "Luis, ça nous emmerde, ça, parce que si ça sort dans la presse, nos femmes, elles vont dire quoi ? Que la mise au vert, c'est une partouze !" »

Pour le punir, Fernandez l'envoie plusieurs fois sur le banc des remplaçants. Humiliant. Ronnie traîne des pieds et continue à mener tambour battant sa vie de patachon. Le 12 décembre 2002, en Coupe de l'UEFA face à Boavista, il est inexistant et assiste impuissant à l'élimination de son équipe. Quatre jours plus tard, contre Rennes, il déclare forfait en invoquant une infection virale. Une maladie qui ne l'empêche pas de

63. Éditions Hugo & Cie, 2008.

se rendre à un tournage publicitaire pour les besoins de son sponsor.

Cerise sur le gâteau : le 28 décembre 2002, pour la reprise de l'entraînement au Camp des Loges, Ronaldinho brille par son absence, préférant prolonger ses vacances de Noël au Brésil. Le Brésilien arrive à Paris avec pas moins de six jours de retard, invoquant une visite chez un dentiste pour soigner un problème maxillo-facial qui l'empêcherait de bien respirer. « Aucune raison médicale ne peut expliquer ce retard », réplique un communiqué officiel du club.

Ronaldinho termine son passage au PSG comme une âme en peine, son club avec, à une piteuse onzième place. Dès la fin du mois de mars 2003, Luis Fernandez a préféré annoncer son départ du club à l'issue de la saison. Pas de quoi faire changer d'avis Ronnie, qui a déjà pris la décision de quitter le PSG pour le prestigieux FC Barcelone, qui l'acquiert pour 30 millions d'euros. « Par sa folie, Luis Fernandez a réussi à détruire le meilleur joueur du monde », confie aujourd'hui un ancien dirigeant du PSG. En guise de *mea-culpa*, l'ancien entraîneur du PSG confiera dans les colonnes de *L'Équipe Magazine*[64] :

« J'aurais peut-être dû le laisser mieux récupérer et lui donner plus de liberté sur le terrain, mais j'ai accepté beaucoup de choses. »

UNE FEMME ENTRE RONALDINHO ET ETO'O

Le club catalan est bien décidé à remettre le prodige sur le droit chemin. Pour y parvenir, les dirigeants utilisent la méthode douce, et couvrent la star brésilienne de toutes les attentions. Outre un salaire royal de 740 000 euros par mois[65], ils lui dégotent une splendide villa de 700 mères carrés à Castelldefels avec vue imprenable sur la Méditerranée. Dans ce quartier chic et tranquille, situé à moins de 15 kilomètres du stade du Camp Nou, Ronnie revit. Deux employés de maison et une cuisinière veillent sur ses besoins au quotidien. Toutes les conditions sont ainsi réunies pour

64. Numéro du 10 juin 2006.
65. Avec ses contrats publicitaires, Ronaldinho culmine à 23 millions d'euros de revenus par an.

que le talent du Brésilien s'exprime alors à plein. Après une première saison prometteuse, il marche sur l'eau, lors de l'édition 2004-2005, où il est le grand artisan du titre de champion d'Espagne, une première depuis six ans pour le Barça. Ronnie obtient le Ballon d'Or en décembre 2005. Tout semble rouler. Seule petite contrariété : le Brésilien de 24 ans vient d'apprendre qu'il est devenu père d'un petit Joao, fruit d'une relation fugace avec Janaina Nattielle[66], une obscure danseuse rencontrée lors d'un show sur TV Globo, et une redoutable « Maria Chuteira » dont on a vu que son pote Ronaldo se méfiait comme de la peste. Les tests ADN demandés par le Brésilien confirment sa paternité. Six mois après la naissance du bébé, le Brésilien annonce officiellement la nouvelle.

Sur le terrain, Ronaldinho continue sur sa lancée en remportant l'année suivante la Ligue des Champions. L'indécrottable fêtard n'a pourtant rien changé à son style de vie. Il le reconnaît volontiers :

« Le club connaît ma vie. Elle n'a pas changé par rapport à Paris. La différence, c'est qu'ici, je joue. Mais dès

66. Une décision de la justice, rendue en novembre 2006, par la Cour de Rio de Janeiro, oblige Ronaldinho à lui verser 7 500 euros par mois.

que je ne joue pas, j'ai la vie normale d'un jeune qui a du temps libre[67]. »

Les médias lui fichent une paix royale. Même les photos sur Internet, le montrant dans une boîte de nuit en train de taper sur un tambour avec ses amis du groupe Samba Tri, ne parviennent pas à écorner son image. Tant que ses performances sportives restent au top, il demeure intouchable. Son entraîneur, Franck Rijkaard le couve d'une étonnante mansuétude. Cela ne va pas durer.

Le retour de la Coupe du Monde en Allemagne est encore une fois douloureux. Le meneur de jeu brésilien revient éprouvé. Sur le terrain, il accuse des kilos superflus qui laissent deviner une vie nocturne dissolue. Sur la pelouse, il peine à produire ses fameuses accélérations. Plus grave, certains de ses partenaires l'accusent de ralentir le jeu. Début février 2007, Samuel Eto'o décoche la première flèche devant un parterre de journalistes médusés :

---

67. *L'Équipe Magazine* du 10 juin 2006.

« S'il pensait au groupe, on le verrait davantage aux entraînements. Moi, même fatigué, je suis présent. »

Quelques heures plus tard, il en remet une couche lors de l'émission « El Larguero[68] », le programme phare de la radio Cadena Ser qui rassemble chaque soir plusieurs millions d'auditeurs :

« Je n'accepte pas qu'un partenaire me balance de la merde », éructe-t-il à l'antenne.

Humilié publiquement, Ronaldinho ne tarde pas à dire ses quatre vérités au buteur camerounais lors d'un échange viril devant le vestiaire barcelonais :

« Moi, je ne suis un exemple de rien. Je ne suis pas un modèle de professionnalisme, mais je ne me mêle de rien. Alors, s'il te plaît, tu ne te mêles pas de ma vie privée. »

Ne pas se mêler de sa vie privée ? Le Brésilien ne manque pas d'air. Outre, une rivalité sportive pour le leadership de l'équipe qui empoisonne leur relation et dont les médias se font largement l'écho, les deux hommes se détestent pour une raison beaucoup plus terre à terre. L'histoire n'a jamais été révélée au grand

68. « La transversale ».

jour, mais à cette époque, Ronaldinho et Eto'o se disputent les faveurs de Mireia Canalda, un sublime top modèle espagnol, ancienne *girlfriend* de Ronaldo. La belle brune aux jambes interminables, fiancée officielle du Camerounais, a été surprise à plusieurs reprises en compagnie de Ronaldinho dans les boîtes branchées de la capitale catalane, en particulier au Bikini, l'un des endroits les plus courus de Barcelone.

Eto'o, fou amoureux de cette croqueuse de footballeurs, ne peut se faire à l'idée d'avoir été trahi par son propre coéquipier, une pratique pourtant répandue dans le monde du football[69]. Le vestiaire se déchire entre pro-Eto'o et pro-Ronaldinho. Les Brésiliens du Barça se rangent évidemment derrière « El gaucho ». L'un d'entre eux, le défenseur Juliano Belletti, tente de jouer les pompiers de service en assurant que Ronaldinho, s'il a bien eu une relation avec Mireia, a définitivement coupé les ponts.

Pas de quoi calmer le possessif Samuel, qui menace de quitter le Barça pour le Milan AC. Le club lom-

69. Voir le chapitre : « Esprit collectif, es-tu encore là ? »

bard lui fait les yeux doux depuis de longs mois. Lors d'une réunion de crise opposant les deux rivaux, Joan Laporta, le président du FC Barcelone, tape du poing sur son bureau. Il faut que « l'affaire Eto'o », comme les journaux l'appellent, trouve enfin son épilogue.

Le dirigeant catalan, doté d'un sens aigu de la communication, choisit, comme un clin d'œil, la date de la Saint-Valentin pour célébrer en grande pompe la réconciliation entre les deux stars.

Le mercredi 14 février, peu avant l'entraînement matinal, les deux joueurs se jettent dans les bras l'un de l'autre, devant une nuée de photographes et de cameramen. Fins comédiens, les deux joueurs rivalisent de fous rires lors de l'échauffement. En bon capitaine, Carles Puyol tente de clore définitivement le dossier :

« Nous avons parlé dans le vestiaire, car le sujet était suffisamment important pour qu'on en parle. Le problème est réglé. Je suis témoin », jure, la main sur le cœur, le défenseur chevelu.

Mais derrière les sourires de circonstance, les plaies restent ouvertes. La brouille Eto'o-Ronaldinho que le grand public croit encore exclusivement sportive, perturbe durablement la vie du vestiaire. À la fin de la saison, le Real Madrid, l'ennemi héréditaire, remporte sur le poteau le titre de champion d'Espagne. Encore une fois, les prestations de Ronaldinho sont pointées du doigt. Le joueur de 27 ans semble usé physiquement. Durant l'été 2007, le meneur de jeu de la *Seleçao*, renonce à participer à la Copa America, afin de récupérer psychologiquement et physiquement. Sont-ce déjà les longues nuits blanches accumulées depuis le début de sa carrière qui commencent à peser dans ses crampons ? Même les grandes vacances qu'il vient de s'accorder n'y suffisent plus. Il entame la saison 2007-2008 comme la précédente. Ronnie ne vole plus sur le terrain, il marche comme un vétéran. Infichu de faire la différence balle au pied, il se contente de marquer sur des coups de pied arrêtés. Le versatile public du Camp Nou le siffle, tandis qu'il ovationne Lionel Messi, la petite merveille argentine. Le début d'un désamour ? Johan Cruyff, ancien joueur de légende du Barça et autorité morale du club, auprès duquel il a conservé une très grande influence, ne manque pas de lui remonter les bretelles, en particulier à travers la chronique hebdomadaire qu'il tient dans *El Periodico*[70] :

« C'est désespérant de voir un tel manque d'engagement chez quelqu'un qui devrait faire chaque fois comme s'il jouait la saison sur un match. »

Ou encore le très aimable :

« On ne vit pas de son passé, mais de ce que l'on est. La condition physique, personne ne t'en fait cadeau. »

Même ses copains, à l'image du Brésilien Edmilson, lui reprochent publiquement son mode de vie :

« Il faut sortir moins et travailler plus. Le monde dans lequel nous vivons est différent parce que l'argent, le succès, la célébrité, les femmes faciles font que les vraies valeurs tendent à être mises de côté[71]. »

Ronaldinho, piqué au vif par ce grand déballage, se défend comme il peut dans la presse :

« J'en ai marre de ces gens qui t'embrassent le matin et te poignardent le soir. Maintenant, si j'ai fauté, les dirigeants n'ont qu'à me le dire clairement et m'imposer une sanction[72]. »

---

70. Édition du 24 septembre 2007.
71. Propos tenus sur la chaîne TV3, le 22 novembre 2007.
72. *France Football* du 25 septembre 2007.

Un temps, l'état-major barcelonais envisage d'engager un détective privé pour le suivre dans ses pérégrinations nocturnes. Mais le président Laporta préfère édicter un code de bonne conduite très stricte. Ronnie, lui, persiste à n'en faire qu'à sa tête.

LES RAISONS DU DIVORCE AVEC RIJKAARD

Un nouvel épisode va singulièrement troubler son image et brouiller sa relation avec son coach, Franck Rijkaard. Nous sommes le 18 octobre 2007. Dans l'antre du mythique Maracana, les Brésiliens atomisent l'Équateur, cinq buts à zéro, lors d'un match qualificatif pour la Coupe du Monde 2010. Pour fêter cela, Ronaldinho et son copain Robinho décident de prolonger la nuit en discothèque. Julio Baptista et Vagner Love[73] leur emboîtent le pas. Kaka, invité à les rejoindre, préfère retourner à l'hôtel arguant d'un match

73. Le surnom de Vagner Love trouve son origine dans ses tout débuts chez les professionnels avec le club de Palmeiras en 2002 : à l'occasion de sa première mise au vert, l'actuel attaquant du CSKA Moscou a ainsi honoré deux call-girls. Il avait 17 ans.

important avec son équipe du Milan AC. Une rigueur qui suscite toujours l'incompréhension de ses partenaires qui n'ont jamais vu de leur carrière un tel « moine-footballeur ».

La bande de joyeux drilles prend donc la direction du Catwalk. Une célèbre discothèque de Rio de Janeiro, dirigée par le sulfureux Jafar Hajbrahim, un homme d'affaires iranien, arrêté un an plus tôt pour trafic de stupéfiants. Sitôt la porte de la boîte de nuit franchie, le DJ ne peut s'empêcher d'annoncer la présence des stars *auriverde*. Cohue générale. Comme des abeilles attirées par le miel de la gloire et de l'argent, un essaim de jeunes femmes se dirigent vers le carré VIP où Ronaldinho et Robinho ont pris place. Ce dernier, brûlant comme une chaudière, se rue vers un agent de sécurité pour lui demander quarante préservatifs !

« Oh, ce n'est pas que pour moi. Il en faut aussi pour mes potes », croit-il utile de préciser devant la mine incrédule du gorille. Manque de bol, un reporter du quotidien *O Globo* assiste à la scène et la rapporte dès le lendemain dans son journal. L'affaire fait grand bruit en Espagne. La polémique enfle. Robinho et Julio Baptista n'ont pu se rendre à l'heure à l'entraînement du Real Madrid, invoquant un retard de leur avion, alors que Kaka, lui, est rentré sans encombre à Milan.

Bernd Schuster, le rigide coach madrilène, les écarte pour le match suivant. Ironique, l'entraîneur allemand lâchera :

« Robinho n'était pas apte pour jouer. Il est allé disputer un match avec le Brésil. »

Pour Ronaldinho, le retour n'est guère plus glorieux. « Aqui Hay Tomate » diffuse des extraits de la nuit de Rio, où l'on aperçoit « El gaucho » se frottant à une plantureuse Brésilienne. Les commentaires qui accompagnent la vidéo prise avec un téléphone portable sont cruels. La voix-off se demande si le meneur de jeu *auriverde* était drogué ou saoul. Le Ballon d'Or décide de porter plainte contre la chaîne espagnole. Le coup est rude pour Ronnie.

Au même moment, le journal allemand *Bild*[74] révèle qu'il entretient une liaison avec Lindsay, une jolie femme de 21 ans, accessoirement fille de… Franck Rijkaard !

---

74. Édition du 28 septembre 2007. L'information sera ensuite reprise par le journal espagnol *El Periodico*.

Passablement énervé, l'entraîneur hollandais l'envoie méditer sur le banc des remplaçants. En guise d'explication, Rijkaard se contente d'un laconique :

« Les joueurs comme Ronaldinho, ce n'est pas l'entraîneur qui les met sur le banc. Ce sont eux qui s'y mettent tout seuls[75]. »

Pris dans la tourmente[76] et suivant dangereusement la même trajectoire que son aîné Ronaldo, Ronaldinho pourrait méditer ces propos tenus par Kaka, Ballon d'Or 2007. Un coéquipier modèle, qui a attendu le mariage pour perdre sa virginité :

« Aujourd'hui, les gens couchent les uns avec les autres sans même se connaître. La Bible explique qu'il doit exister un sentiment noble entre l'homme et la femme qui ont des relations sexuelles. Avec mon épouse Caroline, je veux suivre l'exemple de fidélité de mes parents qui sont mariés depuis vingt-trois ans[77]. »

Bernard Lacombe, éminence grise du président de l'Olympique Lyonnais, Jean-Michel Aulas, a expliqué

---

75. Entretien accordé à ONA FM, le 5 décembre 2007.
76. Début avril 2008, Ronaldinho est annoncé au Milan AC.
77. *Le Temps* du 23 février 2005.

un jour qu'il existait deux types de footballeurs brésiliens : « Les fêtards et les dévots ». Comme par hasard, les dirigeants lyonnais ont toujours préféré recruter dans la deuxième catégorie. On comprend mieux pourquoi à la lumière des lignes qui précèdent.

LE FOOT, UN SPORT PAS TRÈS GAY

Une planque. Une nuit noire de l'hiver madrilène. Clic. Clac… La photo est floue. Forcément floue. Le magazine people *Cuore* s'en accommode. L'hebdo espagnol décide de la publier dans son numéro du 14 février 2008. Le cliché montre José María Gutiérrez Hernández, dit « Guti », vedette du Real Madrid, embrasser sur la bouche… un homme. C'est en tout cas de cette manière que le présente *Cuore* qui, sous le titre « *El Carinoso* » (« L'affectueux »), écrit en légende : « La nuit, tous les chats sont gris, et on peut toujours se tromper. » Deux semaines plus tard, le journal *Cuore* publie un démenti du joueur Guti, qui explique qu'il embrassait sa sœur après que cette dernière lui eut annoncé qu'elle était enceinte[78]. Trop tard, le mal est fait. Depuis la publication des photos, l'Espagne crie

78. Édition du 28 février 2008. *Cuore* lui souhaitera alors bonne chance pour sa grossesse sans lui adresser la moindre excuse.

au scandale. Ce n'est pas tant la violation de la vie privée du joueur qui choque les supporters, mais l'idée que le milieu offensif madrilène ait pu embrasser tendrement un homme ! Une réaction étonnante dans un pays qui a reconnu le mariage entre homosexuels[79] ? Non. Si l'opinion accepte aisément le *coming-out* des chanteurs, des acteurs, voire des hommes politiques, elle rechigne à concevoir qu'un footballeur puisse être homosexuel.

HOMOPHOBIE À TOUS LES ÉTAGES

Patrick Vassort[80], Maître de conférences en sciences et techniques des activités physiques et sportives à l'université de Caen, l'explique[81] aisément :

« Le football est sans doute le sport le plus homophobe de tous. Il faut assister une fois dans sa vie à

79. Les députés espagnols ont voté, le 30 juin 2005, par 187 voix pour, 147 contre et 4 abstentions, en faveur d'un projet de loi autorisant le mariage et l'adoption homosexuels. L'Espagne est devenue ainsi le troisième pays en Europe, et le quatrième au monde, à approuver le mariage entre homosexuels, et le premier à accepter l'adoption sans restriction.
80. Auteur notamment de *Football et politique, sociologie historique d'une domination*, La Passion, 2002.
81. Entretien avec l'auteur, le 14 mars 2008.

un match pour s'en rendre compte. L'insulte la plus récurrente que l'on entend dans la bouche de tous les supporters, c'est : "Arbitre enculé". »

Le 20 mars 2005, sous la pression d'associations gay[82], les dirigeants du PSG diffusent un clip pour lutter contre l'homophobie qui empoisonne depuis de longues années les tribunes du Parc des Princes. Le spot, qui met en scène de manière explicite un couple de footballeurs, est accueilli sous les huées du public parisien. Aujourd'hui, les mauvais résultats aidant, les invectives style « Bougez-vous le cul, les tapettes » n'ont jamais autant fleuri dans les travées du stade de la capitale. Un mal qui ronge l'ensemble des terrains du Championnat de France.

Le 5 octobre 2006, le club de Montpellier Hérault reçoit l'Olympique de Marseille lors d'un seizième de finale de Coupe de France. Une frange du public prend pour cible un joueur de l'OM, Toifilou Maoulida, ancien Montpelliérain. Certains excités déploient alors

82. L'Inter-LGBT et Paris Foot Gay.

une banderole ignominieuse : « *Maouligay, gay for sempre*[83]. »

Le 26 mai 2007, à l'issue de cette saison difficile pour le club de Montpellier où des rumeurs d'achats de matchs ont couru[84], le truculent président Louis Nicollin, dont le club vient de sauver *in extremis* son maintien en Ligue 2, déboule comme une furie en conférence de presse :

– Vous avez souffert ?, lui demande un journaliste.

Louis Nicollin : – Bien sûr que non, puisque nous avons acheté tous les matchs ! Quand je pense à la bande de « pédés » qui ont dit tout ça, je peux vous dire que certains vont avoir du souci à se faire la saison prochaine. Le Zvunka à Gueugnon, il a intérêt à se faire tout petit quand je vais le croiser.

---

83. Un détournement de la célèbre maxime de Che Guevara : « *Hasta la victoria sempre* » (« Jusqu'au bout pour la victoire »). La Ligue de Football professionnel infligera au club une amende de 7 500 euros. L'affaire de cette banderole provoquera moins d'émoi que celle contre les Cht'is, lors de la finale de la Coupe de la Ligue entre le PSG et Lens, le 29 mars dernier.

84. Le 18 mai 2007, la Française des Jeux retire préventivement de ses paris la rencontre de L2, Ajaccio-Montpellier, qui voit l'entraîneur, Rolland Courbis, se déplacer avec les Héraultais chez son ancien club, qui n'a plus rien à gagner. Montpellier gagnera le match 2 à 0.

Une sortie qui provoque la colère d'Hussein Bourgi, président du Collectif contre l'homophobie, qui réplique aussitôt dans les colonnes du *Midi Libre*[85] :

« Je peux comprendre un dérapage sexiste au détour d'une phrase sauf que, là, plusieurs d'entre elles étaient ponctuées, à propos de ses détracteurs, d'une injure homophobe du genre : "Cette bande de pédés." Par rapport à l'histoire de la banderole, dans la tribune, nous avions calmé le jeu, mais là, c'est quand même le président du club qui vient de montrer le mauvais exemple avec ces propos qui sont clairement péjoratifs et humiliants [...]

À la suite de sa logorrhée de vendredi, j'ai reçu deux coups de téléphone de joueurs montpelliérains m'expliquant que les injures de ce type se sont banalisées dans les vestiaires, depuis quelques semaines. Alors, certains vont me dire, comme je l'ai vu sur le site du club, que c'est dans la culture du personnage. Moi, je crois surtout qu'il doit être exemplaire, ne serait-ce que par son titre. Je ne suis pas là pour faire la police de la pensée, mais comment apprendre aux enfants le

85. Édition du 31 mai 2007.

respect des différences, si on laisse perdurer l'homophobie en col blanc ?

Nous souhaitons des excuses publiques de sa part et nous n'en démordrons pas. Si rien ne bouge, alors nous emploierons tous les recours possibles. Nous pourrions aussi mener une campagne lors de la prochaine Gay Pride à Montpellier. En fait, tout va dépendre de son attitude dans les prochains jours. »

Louis Nicollin s'exécute dans les plus brefs délais. Il lui communique publiquement ses excuses :

« Je suis sincèrement désolé que mes propos aient blessé ou choqué certaines personnes. Je conviens qu'ils étaient tout à fait déplacés et inappropriés. À aucun moment, je n'ai eu la moindre pensée homophobe quand je les ai proférés. Les allégations injustes dont le club a été la victime m'ont fait employer des termes outranciers que je regrette sincèrement aujourd'hui. »

Une semaine décidément bien sombre pour l'image du foot français. Samedi 19 mai 2007. Après une victoire à Arezzo qui permet à la Juventus de retrouver l'élite, suite à sa rétrogradation en série B pour le scandale des matchs truqués, les joueurs, tout à leur joie, revêtent un maillot rose avec un « *BastA* » (« ça suffit ») avec le « B » barré et le « A » en majuscule. Surpris de ne pas voir leur entraîneur Didier Deschamps revêtir la tunique rose, un journaliste italien lui demande la raison d'une telle attitude. Sourire aux lèvres, l'ancien capitaine de l'équipe de France répond du tac au tac :

« Cette couleur ne me plaît pas, parce qu'en France, c'est la couleur des gays[86]. »

En dépit de leurs excuses, ni Louis Nicollin, ni Didier Deschamps ne seront sanctionnés par les instances dirigeantes. Depuis plusieurs années, le Paris Foot Gay réclame une loi pour sanctionner les propos homophobes qui ternissent l'image du sport le plus populaire de la planète. En vain[87].

Lors d'une assemblée parlementaire, en octobre 2003, le Conseil de l'Europe s'est penché sur le dossier des lesbiennes et des gays dans le sport, rappe-

86. Le lundi 21 mai, Didier Deschamps s'excusera dans la *Gazetta dello Sport* : « Je me suis rendu compte que j'ai fait une plaisanterie maladroite qui peut avoir blessé la sensibilité de nombre de personnes auxquelles je fais mes excuses. »
87. Rappelons qu'en France, l'homosexualité a été dépénalisée tardivement grâce à la loi du 4 août 1982.

lant que toute discrimination fondée sur l'orientation sexuelle est contraire à la Convention européenne des Droits de l'Homme. Les conclusions de la commission, rapportées par Kosa Kovacs, une députée hongroise du groupe socialiste, délivraient une liste de recommandations dont celle-ci :

« L'Assemblée encourage les médias à décrire avec équité et exactitude les forces et compétences des athlètes hommes et femmes, quelle que soit leur orientation sexuelle, à s'abstenir d'utiliser un langage sexiste et des stéréotypes liés au sexe lorsqu'ils rendent compte de manifestations sportives et à élaborer un code de conduite pour les commentateurs sportifs. »

La culture « anti-pédés » qui sévit dans le football semble, consciemment ou pas, entretenue par les médias. Philippe Lucas, consultant football sur France 2 – caricaturé par les Guignols de Canal + avec sa fameuse formule : « C'est des tapettes, et pis c'est tout. » –, dépasse parfois les bornes dans la réalité. En décembre 2007, lors d'un entretien accordé au magazine masculin *FHM*, l'ex-entraîneur de Laure Manaudou use d'une sémantique bien douteuse quand il évoque ses rapports avec les journalistes :

– Vous qui avez sorti la natation de son anonymat, vous vous dites maltraité par la presse ?

– Je dis pas ça pour les Guignols. Ni pour la presse généraliste. Mais *L'Équipe*, comme ils ne veulent pas se fâcher avec leur source d'infos, c'est la voix de la fédé. Ces mecs-là, non seulement ils sucent, mais en plus ils avalent[88] !

Même l'iconoclaste magazine *So Foot*, réputé pour sa vision progressiste du football, n'échappe pas, à son corps défendant, au piège de l'homophobie. Pour les besoins d'une interview décalée[89], le mensuel donne la parole à Rocco Siffredi, le surdimensionné acteur porno. À la question rituelle du journal, « quel joueur serait le plus crédible en porno star ? », le poète italien se lâche :

« Zidane, je le vois bien pour faire jouir une femme. C'est l'homme, le vrai. Et après, Ronaldinho, un mec qui fait rire les femmes et qui les baise après quand

88. Le mercredi 16 janvier 2008, *L'Équipe* a porté plainte contre Philippe Lucas et le magazine *FHM* pour « injure publique ».

89. Numéro de mai 2006.

même. C'est les deux mecs que je prendrais dans un film à moi. Je n'enrôlerais pas Del Piero, il représente l'autre sexe. Un *finocchio*[90] comme on dit en Italie. »

LES DANGERS DU *COMING-OUT*

Dans ces conditions, difficile de s'afficher homosexuel. En France, durant la dernière décennie, deux entraîneurs de Ligue 1 ont été virés, précisément en raison de leur orientation sexuelle. L'un d'eux entretenait une relation avec le gardien remplaçant de l'équipe. Le coach, balancé par l'un de ses joueurs, est alors congédié par son président, une caricature de l'« hétéro-normé ».

Cette crainte, voire cette haine de l'homo perdure aussi au sein du corps arbitral. Un arbitre français, toujours en exercice, considéré comme l'un des meilleurs de sa génération, est la source de toutes les moqueries de la part de ses collègues qui le surnomment entre eux « la tapette du sifflet ». Lors des stages fédéraux à

90. « Un homosexuel », en argot italien.

Marcoussis, l'homme, isolé du reste du groupe, trimballe avec lui un spleen saisissant.

Le reste du monde n'échappe pas à cette triste tendance. En 1998, Daniel Pasarella, le sélectionneur de l'équipe d'Argentine, se prive des services de l'attaquant Claudio Caniggia pour la Coupe du Monde en France, au prétexte que ses cheveux longs lui donnent un air efféminé !

En Angleterre, une affaire va provoquer une vive polémique. Le 27 février 1999, lors du match opposant Chelsea à Liverpool, Robbie Fowler, l'avant-centre des Reds se précipite vers Graeme Le Saux en agitant ses fesses à la face du défenseur des Blues.

– T'es qu'un pédé !, lui balance Robbie Fowler.

– Mais je suis marié !, rétorque Le Saux.

– Elton John aussi, espèce de fillette !, réplique l'attaquant de Liverpool[91], qui prend aussi sec une beigne du défenseur de Chelsea[92].

---

91. Robbie Fowler écopera d'une amende de 32 000 livres sterling et d'une suspension de six matchs.
92. Dans son autobiographie *Left Field* (Harper Collins, 2007), Le Saux racontera comment les insultes homophobes qu'il subissait à chaque match – de la part du public, et de ses adversaires, comme David Beckham notamment – l'ont conduit à arrêter sa carrière prématurément. Tout en se sentant obligé de rappeler qu'il n'est pas gay : « Parce que j'avais des

Tony Banks, le ministre britannique des Sports, alarmé par cette histoire, appelle alors solennellement les joueurs gays à dévoiler leur homosexualité. La meilleure manière, selon lui, de lutter contre l'homophobie. « Celui qui descendra après cela sera très courageux », explique alors le ministre.

Le football anglais a connu un seul *coming-out* d'un joueur encore en activité. Cela s'est terminé en tragédie. En 1990, Justin Fashanu, international anglais des moins de 21 ans au début des années 80, vend ses révélations au journal *News of the World*[93] pour 80 000 livres sterling[94]. Le journal à sensations, conscient de détenir un scoop mondial, barre sur cinq colonnes à la Une le titre : « *I'm Gay.* » Rejet immédiat du milieu. À commencer par son propre frère John, autre footballeur de renom, qui le condamne publiquement.

---

centres d'intérêt différents, parce que je ne me sentais pas à l'aise dans la “culture bière”…, mes coéquipiers supposaient généralement que quelque chose clochait avec moi. D'où, forcément, ils ont pensé que je devais être gay… Je ne suis pas gay, et je ne l'ai jamais été, mais je suis devenu une victime du dernier tabou du foot anglais. »

93. Édition du 22 octobre 1990.

94. Environ 120 000 euros.

Une semaine après la confession de son frangin, John Fashanu accorde une interview au journal *The Voice*[95]. Terrifiant :

« Désormais, je considère mon frère pédé comme un paria », éructe-t-il. Les dirigeants du Leyton Orient FC, club de l'Est londonien où évolue Justin Fashanu, lui indiquent la porte de sortie. Il décide de s'envoler pour les États-Unis. Il erre alors de club en club, enchaînant les contrats de courte de durée. En mars 1998, il est soupçonné par la police de viol sur un mineur de 17 ans. Faute de preuves, la justice américaine classe l'affaire. Le 2 mai 1998, de retour à Londres, le jeune retraité de 37 ans décide de se donner la mort. Sur son lit, une simple lettre :

« J'ai réalisé que, toute ma vie, j'ai été présumé coupable. Je ne veux plus créer d'embarras à mes amis et à ma famille. Je souhaite que Jésus m'accueille pour enfin trouver la paix. »

Sa mort ne provoquera aucune prise de conscience au sein de la planète football. Bien au contraire.

95. Édition du 30 octobre 1990.

LA CHASSE AUX HOMOS

En février 2004, le sulfureux Otto Baric, sélectionneur de l'équipe croate, alors en rassemblement à Zagreb, explique à quoi ressemblera son équipe pour l'Euro au Portugal. Il lâche en pleine conférence de presse :

« Il n'y aura pas un seul pédé dans mon équipe. Et si, d'aventure, l'un d'entre eux tentait de passer entre les mailles du filet, je saurais vite le repérer. »

Et le festival de propos graveleux de reprendre de plus belle...

Le 29 mars 2005, lors du « Grand Journal » de Canal + présenté par Michel Denisot, David Ginola, l'homme qui le vaut bien, s'oublie quand on lui demande s'il s'est déjà fait draguer par un footballeur :

« Non, je vais même dire mieux : je n'ai jamais, en 18 ans de carrière, vu ou assisté, ou personnellement vu, un homosexuel dans un vestiaire ou sous la douche (*sic*). »

L'acteur Clovis Cornillac, également invité du *talk-show* de Denisot, l'interrompt, et lui fait remarquer qu'on ne peut pas juger si quelqu'un est homo en fonction de son apparence.

Feignant de ne pas entendre, David Ginola, continue son monologue :

« Dans les attitudes, je n'ai jamais vu quelqu'un qui ressemblait de près ou de loin avec des manières de quelqu'un du côté obscur de la force... »

Et de conclure devant des téléspectateurs médusés :

« De toute façon, un footballeur homo dans un vestiaire ne serait là que pour mater les verges des autres joueurs » !

Philippe Liotard, Maître de conférence à l'Université de Lyon-I, auteur de nombreux travaux[96] sur l'homosexualité et le sport, explique que cette négation de la différence traduit un profond malaise[97] :

« Il n'y a aucune raison que le football échappe à la statistique nationale selon laquelle un homme sur 20 est homosexuel. Vu de cette manière, cela signifie que statistiquement, il y a au moins un homosexuel

96. Co-auteur notamment, avec Frédéric Baillette, de *Sport et virilisme*, Quasimodo et fils, 1999.
97. Entretien avec l'auteur du 13 septembre 2007.

par match joué, puisque chaque rencontre oppose 22 joueurs sans compter les remplaçants. Le foot, comme beaucoup d'autres sports, est un monde dans lequel l'athlète se construit une virilité par la performance physique. Dès son plus jeune âge, le footballeur entend des phrases du type : “Il faut montrer qu'on n'est pas des pédés.” Même s'il ne les comprend pas au début, ces formules martelées pendant des années peuvent induire son comportement et le conduire à l'homophobie. C'est aujourd'hui l'une des barrières les plus insidieuses du football. Quand on interroge des sportifs sur leur réaction si jamais ils apprenaient qu'un joueur de l'équipe était homosexuel, ils rejettent l'idée en disant que ce n'est pas possible, qu'ils ne pourraient plus jouer avec lui. Ce ne sont pas des choses que l'on pourrait entendre sur d'autres minorités comme les noirs ou les juifs. »

On comprend mieux l'omerta qui règne dans ce milieu. « Il ne faut pas oublier que le sport est une activité de tradition masculine, porteuse de valeurs viriles. Les personnes qui sont en marge de ces valeurs sont en difficulté. Et il n'y a pas besoin d'être homosexuel pour cela, il suffit d'être un peu plus faible, plus efféminé pour que l'on se moque de vous », rappelle Philippe Liotard.

Ainsi, Sébastien Puygrenier, défenseur de l'AS Nancy Lorraine, marié et père de famille, se fait parfois chambrer dans le vestiaire nancéien pour des attitudes jugées trop maniérées par ses coéquipiers.

Pour le sociologue Patrick Vassort, ces railleries pourraient révéler dans certains cas une homosexualité refoulée :

« Il faut se poser la question de savoir pourquoi ils ont décidé de vivre dans ce monde "homo-sexué". Cette façon d'être bien entre hommes. Les sports collectifs impliquent de nombreux contacts avec des individus du même sexe, dans les vestiaires, dans les douches, en voyage, dans les chambres d'hôtel. À cause de cela, il est important pour certains de se distancier de l'homosexualité, notamment au travers de réflexions de plus ou moins bon goût. "La salope", "la tarlouze", "la pédale" sont d'ailleurs les gros mots les plus utilisés dans le football. Vous noterez que ce sont des insultes au féminin, comme si on voulait traduire la domination masculine sur les femmes. »

Les comportements homophobes sont-ils trop enracinés pour espérer une évolution ? Pour Patrick Vassort, les mentalités auront beaucoup de difficultés à changer :

« Il faudrait qu'un joueur de la stature d'un Zidane fasse son *coming-out*. Or, c'est hautement improbable. Il deviendrait d'un coup l'attraction numéro 1 des médias et son rôle de footballeur passerait au second plan. »

Récemment, seuls des joueurs retraités ont osé franchir le Rubicon. En 2005, Wilson Oliver, âgé alors de 38 ans, ancien joueur uruguayen du Nacional, dévoile son homosexualité dans le magazine *Gay Barcelona*[98] :

« C'est impossible pour un joueur en activité de se déclarer. Dans le football, c'est un vrai tabou. Certains de mes coéquipiers homosexuels ont préféré se marier pour ne pas attirer l'attention sur eux. »

En France, il faudra attendre le 16 février 2008, et le témoignage d'Olivier Rouyer dans *L'Équipe Magazine*, pour connaître le premier cas de *coming-out* de l'histoire du football français. Dans un témoignage tout en

98. Édition de juin 2005.

subtilité, l'ancien ailier droit de légende de l'AS Nancy Lorraine, meilleur copain de Michel Platini, raconte le long cheminement qui l'a conduit à se déclarer :

« Oui, je suis homo. Jusqu'ici je n'ai jamais voulu m'exposer. J'ai été sollicité plusieurs fois. J'ai même envisagé d'écrire un roman à clé. Et puis j'ai renoncé. J'avais peur qu'un crétin me surprenne alors que j'étais au micro en direct », précise l'actuel consultant vedette de Canal +. « Le foot est un milieu où l'on n'aime guère ceux qui sortent des clous. Au début de ma carrière, une copine me servait d'alibi, mais à Strasbourg, je suis tombé amoureux et j'en ai eu marre de mentir. »

Durant l'entretien, Oliver Rouyer soupçonne que sa différence lui a valu d'être remercié, en 1994, alors qu'il entraînait l'ASNL :

« On a fait circuler des histoires sur mon compte. En 2005, le président Rousselot m'a confirmé avoir été mal conseillé. »

À Nancy, belle ville aux charmes redoutablement provinciaux, les rumeurs se colportent à la vitesse de la lumière dans les cafés de la Place Stanislas. La proximité de Rouyer avec « Platoche » a longtemps occupé les dîners en ville. Les conjectures vont bon train au pays de la mirabelle et de la bergamote. Comme sur le terrain, Michel Platini, devenu président de l'UEFA, prend de la hauteur pour reprendre de volée ces ragots de caniveau. Sur le ton de l'humour, il répond à une question des journalistes de *L'Équipe*[99] qui l'interrogent sur son image :

– Depuis la Coupe du Monde 1998, on parle régulièrement de votre jalousie supposée... ?

– C'est étonnant ça, hein ?

– Comment réagissez-vous à ces propos ?

– Je ne réagis pas. On a dit que j'étais homosexuel[100], que j'étais jaloux... Que voulez-vous répondre ?

Perversité de la situation : l'omerta qui règne au sein du football autour de l'homosexualité prête le flanc à toutes les rumeurs. Le 12 février 2006, le journal *News of the World* publie un article dans lequel il est fait référence à deux stars de la Premier League impliquées dans des jeux amoureux gay avec une personnalité de l'industrie de la musique. Des échanges amoureux

99. Édition du 14 septembre 2007.

100. Dans le magazine *L'Optimum*, n° 17 de mars 1998, Michel Platini répondait également à une question sur son image : « De toute manière quand on est connu, soit on est pédé, soit drogué, soit cocu ! On se doit d'être bardé de tous les défauts, il n'est pas possible d'avoir réussi autrement. »

durant lesquels un téléphone portable aurait été utilisé en guise d'instrument sexuel. La semaine suivante, le 19 février, l'hebdo publie une photo vaguement pixellisée où l'on reconnaît Ashley Cole en compagnie du célèbre DJ britannique Masterstepz. Ses coéquipiers d'Arsenal le chambrent gentiment. Ashley Cole, marié à Cheryl Tweedy, chanteuse des Girls Aloud, poursuit le journal et obtient réparation[101]. Alors que Cole est passé chez l'ennemi, Chelsea, la saison suivante, le derby du 10 décembre 2006 est le théâtre de violents règlements de compte. Quelques jours avant la rencontre à haute tension, le site Arsenal World a encouragé les fans à se rendre au match équipés de téléphones portables. Invité à s'expliquer par la police, le site se défend en affirmant que la pratique sexuelle suggérée par les portables n'était « pas le domaine exclusif de l'homme homosexuel ». Perfides ces Anglais...

Comble du cynisme : certains bookmakers à l'image de « Gambling 911 » vont même jusqu'à engager des paris sur la prétendue homosexualité de stars du ballon rond ! Joe Cole, de Chelsea, affiche une cote de

101. Décision de la Cour de Londres du 26 juin 2006.

10 contre 1, Sol Campbell, l'ex-vedette d'Arsenal, est à 2 contre 1 tandis que Cristiano Ronaldo, la star de Manchester United, culmine à 5 contre 1, alors que Jermaine Jenas de Tottenham plafonne à 25 contre 1.

Pourtant, dans le même pays, David Beckham et Freddie Ljungberg[102], icônes gay et incarnation de la « metrosexualité[103] », ont su tirer commercialement leur épingle du jeu grâce à leur ambivalence. « J'aime les femmes, mais je trouve les hommes séduisants », expliquait Freddie Ljungberg à longueur de conférences de presse. De quoi attirer les créatifs de Calvin Klein, marque « métrosexuelle » par excellence, pour faire de Ljungberg une tête de gondole pour la promotion de son slip « slob ».

Au début des années 2000, David Beckham envoûte la communauté gay londonienne. Richard Smith, alors rédacteur en chef de *Gay Times*, raconte :

102. Ancien milieu d'Arsenal.

103. C'est le magazine *So Foot*, dans son numéro de septembre 2005, qui décrit le mieux ce néologisme. « Métrosexuel » : terme inventé par Mark Simpson, écrivain et critique culturel anglais, pour décrire ces jeunes urbains (« métro » pour « métropolitain ») qui portent une attention toute particulière à leur look, leur peau, mais qui ne sont pas homosexuels même s'ils sont attirés par les codes de la communauté gay.

« David est une icône dans la communauté gay. Il porte des jupes, arbore un diamant à l'oreille. Presque comme une folle. Il génère toute une mode chez nous. D'ailleurs, son ami Elton John s'habille désormais de la même façon que lui. Lors des soirées consacrées au foot, beaucoup de gays viennent avec un tee-shirt à son effigie. Cela ne gêne pas David. Il l'a d'ailleurs reconnu à plusieurs reprises : il assume son côté féminin et se sent très fier de compter de nombreux fans parmi nous. Son insolence, son style de voyou romantique nous font fantasmer[104]. »

En juin 2002, son ami Richard Desmond, l'éditeur de la revue gay *Attitude*, le convainc de poser pour son magazine. Les clichés du célèbre photographe David La Chapelle font un tabac. On y voit le « Becks », le corps huilé et le caleçon bas, effectuer une séance de musculation avec du vernis sur les ongles.

Comme toujours, seul l'hétéro est autorisé à jouer la carte de la différence, et l'hypocrisie demeure.

---

104. Entretien avec l'auteur en avril 2003 pour *VSD*.

En France, l'unique Vikash Dhorasoo a su trouver grâce auprès de la communauté gay. Le 23 novembre 2005, le joueur, alors au PSG, accepte de parrainer le Paris Football Gay. Durant la conférence de presse donnée au Parc des Princes, il évoque sans détour le tabou numéro 1 du football, avec le dopage :

« Le racisme, l'antisémitisme, l'homophobie, tout cela relève du même processus. Mais ce qui se passe autour de l'homosexualité est très étrange, c'est presque considéré comme une maladie. D'ailleurs, ça suscite beaucoup de réactions bizarres autour de moi. On me demande : "Pourquoi tu fais ça ?" Pour moi, combattre les discriminations est une évidence. Le foot est un milieu macho. Pour être footballeur, il faut être un vrai mec et pour certains, quand on est homosexuel, on n'est pas un vrai mec, viril, costaud et fort. Je trouve que le Paris Foot Gay prouve qu'on peut être homosexuel et viril. »

Une démarche qui provoquera l'incompréhension chez ses coéquipiers qui ont toujours regardé ce drôle de lutin avec circonspection. L'homme n'est pas un footballeur comme les autres. Il vote à gauche. Une vraie anomalie chez les millionnaires du ballon[105]. Joueur, il lisait *Le Monde* dans les vestiaires, ou le dernier livre de Maurice G. Dantec. Avant son limogeage[106] du PSG, le 12 octobre 2006, le vestiaire parisien ruissellera de blagues vaseuses sur cet engagement pour la cause homosexuelle.

Le match contre les préjugés s'annonce donc long et difficile. En septembre 2007, le Mondial Gay organisé à Buenos Aires a vu le triomphe de l'équipe d'Argentine. Une victoire aussi pour les « casseurs de pédés », trop heureux qu'« ils » continuent à jouer entre « eux ».

105. Durant la campagne des Municipales de mars 2008, il s'est engagé auprès de Bertrand Delanoë, le maire socialiste de Paris.

106. Le communiqué officiel du club indiquera comme suit les raisons de son licenciement : « Manquements du joueur à son obligation de réserve, son devoir de loyauté ainsi que des actes d'insubordination, de désobéissance, et une attitude de provocation permanente. »

LA MYTHOMANE QUI FAIT TREMBLER LES STARS DU FOOT

Paris, boulevard Bonne Nouvelle. Juste devant le théâtre du Gymnase. Un froid de canard. Ce 8 mars 2008, l'horloge indique deux heures du matin quand Alexandra Paressant apparaît enfin. Escortée par deux beautés noires, elle s'extrait du taxi et m'embrasse comme du bon pain :

« Tu vois, Jérôme, j'existe ! »

Je la reluque de pied en cape. La petite trentaine, pas très grande, un petit ventre replet, auréolé d'un piercing ostentatoire... Sa fausse fourrure et sa chevelure noyée par des extensions de mèches multicolores lui donnent un air de sapin de Noël fatigué. L'épaisse couche de fond de teint masque péniblement des yeux cernés par les nuits sans sommeil. Alexandra Paressant a beau exister, elle me paraît toujours aussi irréelle. Presque en toc.

« Bon Jérôme, ce n'est pas le tout, mais la voiture tourne. On se rappelle pour l'interview ? Maintenant que l'on se connaît, ce sera plus facile. »

Comme interdit, je la regarde filer vers les mystères de Paris.

UNE STAR MONDIALE

Cette fille est un vrai mirage. L'Arlésienne du foot se dérobait à tous mes rendez-vous depuis deux ans. En Allemagne, durant la Coupe du Monde 2006, elle m'avait promis pour *VSD* une interview exclusive avec Ronaldinho, dont elle prétendait partager la chambre dans un hôtel de Gelsenkirchen. Un entretien reporté, puis annulé le jour même où je m'apprêtais à traverser l'Allemagne pour rejoindre le couple le plus « tendance » du moment.

Dès les débuts du Mondial, la presse internationale fait ses choux gras de sa supposée liaison avec le meilleur joueur de la planète. Le *Bild* allemand, le tabloïd anglais *The Sun* et le quotidien sportif espagnol *As* sont les premiers à dégainer. Les journaux hexagonaux leur emboîtent le pas. Dans son édition du 24 juin 2006,

Le Figaro annonce les fiançailles d'Alexandra Paressant avec Ronaldinho :

« Nouvelle égérie de L'Oréal, future ambassadrice d'une gamme de produits pour les cheveux, Alexandra Paressant, 26 ans, s'apprête à célébrer officiellement ses fiançailles avec Ronaldinho. La cérémonie est prévue en Espagne, le 26 août. Un mariage est envisagé avant la fin de l'année, peut-être au mois d'octobre. »

Visible nulle part, omniprésente dans les médias, à qui elle accorde des interviews uniquement téléphoniques, Alexandra devient rapidement la nouvelle star de l'été 2006. Son sens du détail distillé de sa voix suave envoûte les journalistes. « Une bonne cliente », comme on dit dans le jargon. Un contact de premier choix, capable de dévoiler sans pudeur les secrets de sa romance avec la star brésilienne.

Dans *Le Journal de Saône et Loire* du 13 juin 2006, elle jubile :

« Nous nous sommes rencontrés à Barcelone. J'étais présente pour un défilé dans l'hôtel où résidaient les joueurs du Barça. Je ne suivais pas particulièrement sa carrière et je le critiquais souvent, mais sa simplicité, son extrême gentillesse, son côté très famille, tout cet ensemble m'a séduite. À Barcelone, il est très encadré. Il a un chaperon pour éviter les sorties nocturnes et il vit avec sa maman et sa sœur. En Espagne, il semble plus ou moins préservé de cette pression médiatique. C'est d'ailleurs surtout pour cela qu'il est parti du PSG, pour fuir la pression des médias. »

Le même jour, dans *Le Bien Public*, elle s'amuse de ses amours clandestines avec Ronaldinho :

« Nous nous sommes vus "officiellement" la dernière fois le 3 juin. Mais, pendant la préparation, il a fait le mur pour que l'on passe la soirée ensemble. Et les paparazzi nous ont découverts. La situation était compliquée, d'autant que le sélectionneur est très strict. On devrait se revoir au lendemain du deuxième match de poule en cas de victoires. En revanche, si l'une des deux rencontres échappe à la *Seleçao*, il faudra attendre la qualification pour pouvoir se revoir. » Du grand art.

Alexandra Paressant se permet même des jugements sur les choix du sélectionneur[107] :

---

107. *Le Journal de Saône et Loire* du 13 juin 2006.

« C'est la première fois que je ne supporte pas l'équipe de France. D'ailleurs, je ne suis pas d'accord avec les choix de Raymond Domenech. Pour moi, Zidane n'est plus que l'ombre de lui-même et l'absence d'Anelka est vraiment une erreur. Ronnie voit plutôt l'Angleterre en finale contre son équipe. »

Et de parler de ses projets d'avenir[108] :

« Après les vacances, direction l'Amérique. Le Barça fait une tournée au Mexique et à Los Angeles pour notamment jouer contre les Galaxy, le 6 août. C'est d'ailleurs là que nous nous rejoindrons puisque j'ai des engagements à Los Angeles avec L'Oréal au même moment. Nous devrions effectivement habiter ensemble dès la rentrée. Je pense faire passer ma vie de couple avant ma vie professionnelle pour un temps. »

Un plan de communication parfaitement huilé qui se prolonge bien après le Mondial allemand. La jeune femme truste également les sites Web où ses propos sonnent encore plus crus :

« Ronaldinho est une bête de sexe. Il est meilleur au lit que sur un terrain de football : il est infatigable, il est très sensuel, très câlin, franchement c'est l'amant

108. *Ibid.*

parfait. Lors de la dernière Coupe du Monde, l'entraîneur ne voulait pas que les femmes dorment avec les joueurs, mais Ronnie ne supportait pas cette idée-là. Je le rejoignais la nuit, c'était très excitant, il me faisait crier de plaisir. Une fois nous avons laissé une fenêtre ouverte, je crois qu'on a réveillé la moitié de l'hôtel[109]. » L'illusion fonctionne à merveille. Facilement joignable, le verbe exubérant, elle s'impose comme une figure incontournable des médias qui s'empressent de la questionner sur une foultitude de sujets. *Le Figaro* l'interroge même pour lui demander son avis sur l'émission « Top Model[110] » diffusée sur M6.

LA FIN D'UNE IMPOSTURE

Mais les choses se gâtent quand, le 19 septembre 2006, Roberto Assis, le frère et agent de Ronaldinho, dément sur le site officiel[111] du joueur brésilien toute relation avec Alexandra Paressant :

---

109. *So Foot* du 10 août 2006.
110. *Le Figaro* du 25 août 2005.
111. www.ronaldinhogaucho.com

« Cette fille est folle. Ronnie ne l'a même jamais rencontrée. »

Avec un aplomb désarmant, elle continue d'une voix douce à égrener ses liaisons avec les stars du ballon rond. Une liste digne d'un vrai « *all star game*[112] » :

– Grégory Coupet ?

– Un simple flirt.

– Ronaldinho ?

– Une vraie *love affair.*

– Thierry Henry ?

– Un flirt.

– Ronaldo ?

– Pareil, juste un flirt.

– Dis-moi Alexandra, c'est quoi la différence entre un flirt et une *love affair* ?

– Du tac au tac : un flirt, c'est deux ou trois semaines, une *love*, c'est au moins deux mois[113].

Imparable.

112. Match amical réunissant les meilleurs joueurs de la planète. Terme importé du basket américain.

113. Entretien avec l'auteur en décembre 2007.

En novembre 2006, le magazine *So Foot*, intrigué par ce personnage évanescent, mène l'enquête. Accablant. La prétendue star des podiums habite Le Creusot, en Bourgogne. Aucune agence de mannequins ne l'a jamais inscrite dans son répertoire. Pourtant, sa messagerie vocale, enregistrée en français et en anglais, renvoie à l'agence Major Models de New-York. Cette société soutient le contraire :

« Cette fille a essayé de nous piéger. Elle nous a contacté en se faisant passer pour un agent, et en nous proposant de la prendre sous contrat, parce qu'elle avait été choisie pour la campagne de Lancel aux Etats-Unis, mais son book était faux. Il était rempli de photos d'autres filles. »

Sa fiche sur « MySpace » est un modèle du genre. Son physique change au fil des pages. Des photos qui appartiennent, en réalité, à de vrais top models, comme Alexandra Kabi[114], Hana Nitsche, ou Manuela Arcuri. Ses amis sur « MySpace » l'inondent de messages hallucinants, tel le très éthéré : « Tes petites fesses me manquent », censé être envoyé par Thierry Henry.

114. Ancienne petite amie de Pascal Olmeta, voir chapitre « Esprit collectif, es-tu encore là ? ».

En réalité, Alexandra Paressant n'a jamais quitté la bonne ville du Creusot. Son seul fait d'armes remonte à l'année 2000. Cette année-là, elle a vingt ans quand elle participe à la finale de Miss Lyon, où elle se classe quatrième sur douze. Depuis la jeune femme entend embrasser une carrière internationale. Des yeux trop grands pour celle qui vit son rêve par procuration en balançant des faux communiqués de presse à travers les nombreux sites *people* du Web. Dans sa quête psychotique de notoriété, Alexandra s'est même inventé un agent virtuel qui répond au doux nom d'Olivia Ducreu. Un personnage fictif d'attaché de presse, campé évidemment par Alexandra Paressant.

Démasquée dans la bonne vieille Europe, elle décide d'exercer ses talents d'affabulatrice aux Etats-Unis. Ce 12 décembre 2007, elle frappe fort. Très fort. Sur le site américain X17online, elle déclare qu'elle a couché avec le basketteur Tony Parker, marié cinq mois plus tôt avec l'actrice Eva Longoria :

« Tony n'est pas épanoui dans sa vie intime avec Eva. Elle a des tabous que je n'ai pas. »

Les propos repris par les journaux américains créent un scandale immédiat. Le Français des Spurs de San

Antonio, Tony Parker, est obligé de démentir. Furieux, le couple porte plainte en diffamation et réclame 40 millions d'euros.

Pathétique, Alexandra Paressant continue à maintenir sa version.

Fin mars 2008, elle m'a laissé un énième texto :

–Tu veux venir à "l'after" de James ?

– James ?

– James Blunt !

Je n'ai plus répondu. La chanson d'Alexandra a fini par me fatiguer.

DANS LE SECRET DES BLEUS

– Qu'est-ce que vous voulez qu'on retienne
de vous après votre mort ?
– Que j'étais un bon papa et un bon mari.
Zinédine Zidane, « Le Grand Journal », Canal +.

1

LES FEMMES PRÉFÈRENT LES BLEUS

La scène se déroule au lendemain de la victoire de la Coupe du Monde 1998 dans les sous-sols ouatés du VIP Room. L'un des champions du Monde tend sa veste à la belle brune qui tient le vestiaire du célèbre établissement de l'avenue des Champs Élysées.

Le bondissant joueur, réputé pour la qualité de son jeu offensif, passe d'emblée à l'attaque :

– Si tu veux, tu peux me rejoindre à mon hôtel après ?

– Après quoi ?, lui répond-elle sèchement.

– Ben, après ton boulot, lui précise-t-il. Comme une évidence.

La jeune femme, interloquée, se contente d'un haussement de sourcils réprobateur.

Auréolés par leur titre, certains Bleus ont compris qu'ils n'étaient plus des sportifs comme les autres.

Désormais, ils osent tout. C'est d'ailleurs à cela que l'on les reconnaît.

LE FOOTBALLEUR, CET OBSCUR OBJET DU DÉSIR

Le joueur de foot, longtemps présenté comme l'incarnation de la « beaufitude » la plus crasse, sait que les délices de l'existence lui tendent les bras. Jeunes, beaux, riches et couverts de gloire, ils entendent croquer la vie à pleines dents.

En 90 minutes de bonheur face à de bien pâles Brésiliens, ils sont devenus des demi-dieux. Des stars. Des icônes. Des « Olympiens[115] » au sens que leur donne Edgar Morin, sociologue redevenu à la mode par la bonne grâce de Nicolas Sarkozy avec sa « politique de civilisation ».

Pour ces héros transformés en hérauts, rien ne sera plus jamais comme avant. David Trezeguet, 20 ans à l'époque, est submergé par son nouveau statut :

---

115. *Les Stars*, Le Seuil, 1957.

« Si je sors en boîte, c'est la folie autour de moi. Il faut souvent des vigiles pour me protéger. Je dois rester assis dans un coin sans pouvoir aller danser. Si je vais aux toilettes, un flic m'accompagne[116]. »

Et Lilian Thuram d'ajouter :

« J'ai l'impression qu'on nous prend pour les 2 Be 3. Mais moi, je suis joueur de foot. De plus, je suis amoureux de ma femme[117]. »

Les néo-champions du Monde relèguent les chanteurs et les acteurs au second plan. Ils font les délices de la presse *people* qui, jusque-là, les boudait ostensiblement.

Fabien Barthez, le gardien emblématique de l'Équipe de France, est le premier à plonger de plain-pied dans cette nouvelle ère qui s'offre au football tricolore.

Le 16 juillet, le numéro de *Paris Match* consacré au sacre des Bleus à Saint-Denis atteint les 1 060 000 ventes, un résultat phénoménal proche des records battus à l'occasion des décès de François Mitterrand et de

---

116. *Libération* du 5 septembre 1998.
117. *Ibid.*

Lady Diana. Le numéro suivant, avec Fabien Barthez en Une, se vend encore mieux :

1 100 000 exemplaires. L'hebdomadaire a choisi le gardien des Bleus plutôt qu'un autre champion du Monde en s'appuyant sur un sondage Ipsos. À la question : « Lequel de ces joueurs préféreriez-vous avoir pour copain ? », l'Ariégeois arrivait largement en tête (42 % des réponses), devant Zinédine Zidane (29 %) et Laurent Blanc (22 %).

Le gamin de Lavelanet, âgé de 27 ans, vit alors sa nouvelle notoriété avec une certaine placidité :

« Si ça les amuse de faire des photos, moi, je m'en fiche. Mais lorsque j'entends dire que j'ai changé, je me fâche. C'est le regard des autres sur moi qui a changé. J'ai toujours essayé de préserver mon boulot et ma vie privée. Mon milieu, ce n'est pas le *show-biz*, c'est le foot. »

Pilier de la Voile Rouge, la célèbre boîte de Saint-Tropez, le portier devient donc, « à l'insu de son plein gré », une figure de la Jet Set.

Quelques jours après le triomphe du 12 juillet, les paparazzis le surprennent sur un scooter des mers au large de la Grande Bleue. Sa passagère ne passe pas inaperçue. Il s'agit de Linda Evangelista, le top model le plus courtisé du monde de la haute couture. Le baiser volé le plus célèbre de l'été fait jaser. Et vendre.

En apprenant la nouvelle, Franck Leboeuf, son camarade chez les Bleus, étouffe un fou rire et chambre allégrement :

« Il n'y a aucune honte à être pris en photo en scooter des mers avec Linda Evangelista. Enfin, lorsque tu es célibataire. On ne voit pas grand-chose. J'attends de voir le gros truc, et là j'applaudirai des deux mains Monsieur Barthez[118]. »

Le public n'aura pas le plaisir de découvrir les attributs virils de « Fabulous Fab ». La surenchère prend une tournure inattendue. Le 25 novembre 1999, dans un entretien âprement négocié avec *Paris Match* (500 000 francs), Linda Evangelista, qui pose avec son compagnon, révèle qu'elle a fait une fausse couche :

« Tout le monde veut savoir, écrit n'importe quoi. Alors je me suis dit que ce serait bien d'en parler une fois. Je veux le dire une fois pour toute : j'ai perdu mon bébé. J'étais enceinte de six mois, tout allait bien, et j'ai

118. *Ibid.*

fait une fausse-couche. Je n'avais parlé de ma grossesse à personne jusqu'à ce que je sois enceinte de quatre mois. Je pensais qu'après quatre mois, il n'y avait plus de problèmes et il y en a eu un. Un gros. »

La boîte de Pandore est ouverte. Cette intimité délibérément jetée en pâture ouvre une brèche dans laquelle les médias vont s'engouffrer joyeusement. La vie privée des footballeurs, jusque-là tabou absolu, connaît ses dernières heures.

LA FIN D'UN TABOU

Dans le microcosme des journalistes sportifs, la bagatelle a souvent pris le pas sur les aspects tactiques et techniques. Mais toujours entre initiés. Rue François 1er, autour de la machine à café, Eugène Saccomano, à l'époque commentateur vedette d'Europe 1, raconte sans ambages à ses jeunes confrères comment, la veille, il a planqué un des joueurs-stars des Bleus dans le coffre de sa voiture en le déposant aux Chandelles, le club échangiste le plus select de la capitale.

À Clairefontaine, le centre d'entraînement de l'Équipe de France situé dans les Yvelines, certains journalistes s'amusent du ballet des taxis transportant des poupées « bling-bling » aux tarifs prohibitifs. Les plus curieux des reporters tentent aussi leur chance au Baron pour y dénicher une information aussi savoureuse qu'impubliable. La boîte à hôtesses étant devenue un repaire de nombreux internationaux français, on s'amuse allégrement de ces joueurs qui ont leur « oreiller » dans les plus grands palaces de la capitale. Un code pour signifier qu'un simple appel au concierge suffit à voir débarquer dans les plus brefs délais une charmante créature de compagnie.

La petite histoire raconte qu'avant l'Euro 2004 au Portugal, certains Bleus se sont donné rendez-vous avec 24 heures d'avance pour goûter goulûment aux félicités de la nuit parisienne.

Mais ces secrets d'alcôve si gaillardement évoqués dans les salles de rédaction vont peu à peu trouver leur place dans les journaux. Même les plus sérieux. C'est *Le Parisien* qui va offrir cet « acte fondateur » de la presse française. Le 26 juin 2002, en pleine déroute lors de la

Coupe du Monde en Corée, le quotidien analyse les raisons qui ont conduit les Bleus à un cuisant échec. Le journaliste revient sur le mystérieux bar Sirocco, situé en plein cœur de l'hôtel Sheraton, la résidence des Bleus durant la funeste campagne coréenne. Extrait :

« C'est au Sirocco qu'ont été bafouées certaines règles de vie, entre concert pop et revue. Les danseuses, tout comme une réceptionniste bulgare, sont rapidement tombées en adoration devant certains célibataires de la délégation française. À l'intérieur, l'ambiance est feutrée, le décor marocain mêle faïence et bois. Des recoins sombres font office de salons privés. Deux escaliers mènent les clients vers une petite salle de karaoké ou vers un ascenseur qui permet d'accéder aux chambres, sans passer par le hall. En dehors de son Douglas Club, la délégation française disposait de trois chambres entre le 16e et le 17e étage. Nous sommes retournés avant-hier au Sheraton, deux semaines après le départ des Français. Georges, le leader du groupe bulgare, qui se produit au Sirocco, est ravi d'avoir approché les Bleus. "Ils venaient tous les soirs", déclare-t-il dans un mauvais anglais. Les filles ont beaucoup de souvenirs avec eux. Young-soo, le barman, se montre un peu plus précis. “Ils avaient plutôt l’habitude de venir entre 22 heures et minuit, parfois plus tard.” »

Le lendemain de la parution de cet article révolutionnaire dans le paysage si lisse de la presse française, le journal *L’Humanité* sort le carton rouge à son confrère :

« Rien n’est affirmé. Tout est sous-entendu, insinué, sur la base de témoignages uniques, donc d’informations non recoupées, donnant l’impression de lire une note des Renseignements généraux plutôt qu’un article de presse. Jusqu’au dégoût. »

Depuis un soir de juillet 1998, nos footballeurs sont devenus des images pieuses. Les critiquer devient un acte blasphématoire. Malheur à l’hérétique qui ose émettre des réserves sur leur hygiène de vie ou sur leur exemplarité !

Zinédine Zidane, le Zeus[119] des Bleus, symbole du « Black, blanc, beur », incarne jusqu’à la caricature cette spécificité française. Le secret et le silence ont longtemps entouré la face cachée du plus grand joueur français de tous les temps.

---

119. Dans la mythologie grecque, Zeus est considéré comme le roi des dieux.

2

PAS TOUCHE À ZIDANE !

Zizou, héros de tout un peuple depuis un soir de juillet 1998, est un personnage sacré. Au lendemain de son coup de boule magistral, il reçoit l'absolution du président Jacques Chirac qui l'accueille à bras ouverts à l'Elysée :

« Vous êtes un homme de cœur, d'engagement, de conviction. Et c'est pour cela que la France vous admire et vous aime. »

Protégé par les puissants, ami personnel de Franck Riboud, le patron de Danone, Zinedine Zidane, qui a engrangé, en 2006, 13,5 millions d'euros de revenus publicitaires, est une formidable machine à *cash*. Ses frères, Farid et Nordine, veillent jalousement à l'image du frangin à travers leur société familiale « Zidane diffusion », nichée dans les quartiers Nord de Marseille.

Mardi 31 octobre 2006. L'émission « T'empêches tout le monde de dormir », le *talk-show* de Marc-Olivier

Fogiel diffusé sur M6, traîne en longueur. Soudain, le truculent Richard Bohringer, sentant l'assistance roupiller, intervient de manière musclée au prétexte qu'on ne lui laisse pas assez de temps pour parler de *C'est beau une ville la nuit*, le film pour lequel il est en promotion avec sa fille Romane.

« Richard, plus ça va et plus vous êtes vif ! », s'amuse Marc-Olivier Fogiel, tout heureux de retrouver un peu d'animation sur son plateau.

De sa voix Marlboro, le comédien continue son cinoche :

« Moi, maintenant, c'est comme ça. À soixante-cinq ans, je n'y vais pas par quatre chemins. Je frappe direct. Et puis tant pis. »

Et d'ajouter :

« Moi, le coup de boule de Zidane, c'est tous les jours. Il a bien eu raison si Materazzi l'a insulté comme il dit. Je trouve même qu'il a attendu longtemps, Zidane, pour donner son coup de boule. »

À ses côtés, la chanteuse Nâdiya sourit, mi-amusée, mi-complice. Le réalisateur choisit à deux reprises de la montrer en gros plan.

Un œil rivé sur son écran de contrôle, le bon Marco a compris l'intention de la régie. La tentation est trop forte. N'y tenant plus, l'animateur se lance. Il est minuit. C'est l'heure du crime de lèse-majesté. Le pitbull du PAF se tourne vers la chanteuse. Il ne lâchera plus sa proie :

« Vous voulez qu'on torde le cou à une rumeur tout de suite, Nâdiya ? Je ne sais pas si vous avez vu cela ? Ne me regardez pas comme cela, vous répondrez si vous voulez… Mais pour préparer l'émission autour de vous, j'ai regardé Internet. Tout le monde dit que vous avez une aventure avec Zidane. C'est vrai, ce truc, ou pas ? »

« L'AFFAIRE NÂDYA »

Un silence de plomb s'abat sur le plateau. Le visage de Nâdiya se métamorphose. Entre colère et haine, ses yeux deviennent humides. Une, puis deux respirations, elle se fait fort de retrouver un semblant de sérénité et réplique :

« Faut arrêter tout de suite avec cela. Je ne l'ai rencontré qu'une seule fois. Et moi, je suis une mère et je veux que l'on respecte cette intégrité. Quand vous commencez à vendre des disques, vous intéressez les médias et, pour eux, c'est inconcevable qu'une nana puisse faire son métier et transmette des choses sans qu'elle soit salie. »

Durant son intervention, elle prend soin de ne jamais citer le nom de la star du foot :

« Ce n'est pas respecter cette personne qui m'a l'air complètement une personne sensée, ce n'est pas respecter sa famille et ma famille, mon fils. Il n'y a pas longtemps, j'ai croisé un photographe dans un bureau de presse qui m'a dit : "Putain, c'est con, toi on ne te voit jamais aux soirées privées, les soirées de gala." Le problème c'est que quand vous n'êtes pas dans ce système-là, on fantasme, et on a besoin d'inventer des trucs. Laissez-moi tranquille. Tous ces gens peuvent essayer de salir mon image, mais ils ne voleront pas mon âme et ils ne m'empêcheront pas de faire mon métier et qu'ils aillent se faire voir. »

Selon plusieurs témoins, en dépit de l'échange tendu, Marc-Olivier Fogiel et Nâdiya se quittent bons amis à l'issue de l'émission en s'échangeant même une bise.

Deux jours après, le jeudi 2 novembre, le quotidien *France Soir* barre toute la largeur de sa manchette d'un vengeur : « Fogiel, touche pas à Zidane. » Dans les pages intérieures, le journaliste rappelle que la rumeur d'une relation supposée entre la star du foot et la chanteuse de R'n'B bruisse depuis plusieurs semaines dans les rédactions parisiennes. Le journal accuse Marc-Olivier Fogiel d'avoir posé cette question provocante pour faire grimper l'audience. « Un dérapage méprisable » doublé d'un « méchant taclc ». L'affaire n'en reste pas là.

En évoquant la rumeur, Marc-Olivier Fogiel a fait sauter les verrous du mutisme médiatique. Depuis le mois d'octobre, un jeu de photos circule où l'on peut voir au moins cinq passages de Zinédine Zidane et de Nâdiya entrant séparément dans le hall d'immeuble du 17e arrondissement où habite la chanteuse de « Solide comme un roc ». Pour mener à bien cette opération digne de celle d'agents secrets, trois *paparazzi*, se faisant passer pour des détectives privés, se sont relayés jour et nuit pour les pister.

Une semaine après l'émission, l'hebdomadaire *Voici* prend le risque de publier les clichés. L'article, d'une prudence de Sioux, évoque sur le ton de l'humour le fait que Zizou et Nâdiya auraient pu se rencontrer une seconde fois puisqu'ils étaient entrés dans le même immeuble parisien. Du grand art :

« Nâdiya et Zizou se sont rencontrés en mai 2005, dans l'émission de "Tout le monde chante pour Ela", sur le plateau de France 2. Lors de cette soirée, ces deux êtres au grand cœur s'étaient découvert de nombreux points communs : durant de longues minutes, ils avaient parlé de leur amour partagé pour le sport de haut niveau et de l'Algérie, leur terre d'origine. Depuis, plus rien. Pas une soirée où ils auraient pu se retrouver. Pas un événement à Paris ou à Marseille où les deux idoles des jeunes auraient pu échanger davantage sur leurs passions et leurs parcours respectifs. Sans doute les dieux du stade en ont-ils décidé autrement. Et c'est tant mieux. Car on n'ose imaginer l'ampleur de la rumeur s'ils s'étaient croisés une autre fois… »

Les précautions sémantiques n'y changeront rien. Un mois plus tard, le juge des référés de Marseille condamne le magazine à verser 50 000 euros de dommages et intérêts à Zinédine Zidane, considérant que la publication des photos constituait une atteinte à la vie privée du footballeur et à son droit à l'image. « Un procédé déloyal », précise le jugement du 8 décembre 2006.

Mais la machine infernale continue à s'emballer. Les journaux suisses, moins exposés par le couperet juridique français, mitraillent à leur tour. Dans son édition du 8 novembre 2006, la *Tribune de Genève*, sous le titre « Zidane a-t-il une liaison avec Nâdiya ? », évoque toutes les rumeurs les plus délirantes entourant leur relation supposée. « On aurait vu les deux stars quitter une boîte de nuit des Champs-Élysées main dans la main. » Le quotidien suisse va encore plus loin en reprenant le dernier bruit selon lequel « Nâdiya serait enceinte » !

De quoi alimenter toutes les conjectures les plus délirantes sur les forums Internet : « Nâdiya aurait accepté d'avorter contre cinq millions d'euros. »

Quelques jours après, la chanteuse, oppressée par ce rouleau compresseur médiatique, s'envolera pour Los Angeles pour officiellement y tourner un clip. L'ancienne championne de France-Espoirs du 800 mètres s'enfermera ensuite dans une longue période de mutisme. Un silence de plus d'une année qu'elle brisera pour les besoins de la promotion de son quatrième album.

La journaliste de *Gala*[120] avance alors à pas de velours pour lui faire parler de la fameuse affaire :

– Pour l'instant, l'homme de votre vie, c'est votre fils ?

– Oui, tout à fait. Entre vous et moi, ça peut vous choquer, mais depuis que son père est parti, je vais au charbon au niveau professionnel et je n'ai pas eu un moment à moi. Honnêtement, j'ai eu une aventure en six ans. De toute façon, ma quête est ailleurs, elle est spirituelle… Il fallait d'abord que je me trouve, répond Nâdiya.

– Par la psychanalyse ?, ajoute la journaliste.

– Pas forcément… Par des techniques de méditation aussi. Je suis très branchée kinésiothérapie. Depuis un an, les épreuves m'ont amenée à m'interroger, à changer. Je ne suis plus la même.

– Est-ce que "l'affaire Zidane" y est pour quelque chose ?

– Je vais vous dire franchement, je ne ferai pas de commentaires sur cette histoire. Ça a été trop facile pour tous les médias. C'est atroce. Les notions d'argent,

120. *Gala* du 7 novembre 2007.

de pouvoir, permettent d'un seul coup de dépasser des limites. Celles de la décence humaine. *No comment.*

– Quand vous courez dans le clip "Vivre ou survivre", qu'est-ce que vous fuyez ?

– Je décide de m'en sortir, tout simplement, de vivre. Pour avoir vécu un an en total repli sur moi, je ne tolérerai pas qu'on dise qu'on n'a pas le choix. Tout le monde a le choix. On peut se raccrocher. Même quand on touche le fond et qu'on a le sentiment de ne plus respirer...

– Mais comment en êtes-vous arrivée là ?

– Mais c'est un tout ! J'avançais sans réfléchir et puis les attaques à gauche, à droite... Celle dont vous m'avez parlé en fait partie, évidemment... On a touché à ma colonne vertébrale, à mon intégrité, en tant que mère. Au départ, voilà, je voulais cacher les choses à mon fils, mais non, la vie vous apprend à ne pas occulter. Et mon fils en est d'autant plus fort aujourd'hui. Je ne suis pas une tricheuse. Il y a trois ans, si j'avais envie de pleurer, je me cachais. Aujourd'hui, je pleure devant mon fils...

– Ce n'est donc pas un hasard si votre album s'appelle la source...

– Oui, j'ai trouvé ce titre à 4 heures du matin. Avec cet album, je me purifie, je me lave de tout ce qui a pu se passer. L'eau est une énergie pure. »

LE CAS VÉRONIKA LOUBRY

Ragaillardis par le grand déballage de l'affaire Zidane-Nâdya, certains médias osent exhumer des dossiers que l'on croyait définitivement enterrés. C'est toujours *La Tribune de Genève* qui s'y risque[121]. Le journal suisse évoque une autre relation que le sportif préféré des Français aurait entretenue, voilà des années, avec une vedette de la télévision. Ahurissant. Le quotidien helvète avance le nom de Véronika Loubry[122]. Une vieille histoire qui daterait de 1998.

Des photos montrant Zizou et l'animatrice s'embrassant au petit matin devant l'hôtel Crillon auraient circulé dans tous les services photos des magazines parisiens. Personne n'aurait osé les publier. Toucher à

121. Dans son édition du 8 novembre 2006.
122. Véronika Loubry a depuis épousé le footballeur Patrick Blondeau.

Zidane, hissé au rang de monument historique, c'est toucher à la France.

En mai 2006, Bruno Godard dans son livre *Les Bleus peuvent-ils vraiment gagner la Coupe du Monde ?*[123], fait référence à cet épisode en prenant soin de ne jamais citer les noms :

« Ils étaient jeunes, ils étaient beaux, ils étaient riches et sentaient bon la pelouse chaude. Les femmes se sont jetées sur certains d'entre eux. Et malheureusement pas toujours les plus saines ni les plus désintéressées [...] Photographiées au bras des icônes du foot, elles redémarraient leur carrière. [...] Convoquant les paparazzi à la sortie de l'hôtel où elle venait de passer la nuit dans les bras de cette grande star, elle a tenté par la suite de vendre ces clichés à la presse *people* ». Ce jeu peut se révéler dangereux pour les starlettes. Une des anciennes maîtresses d'un grand footballeur a ainsi a été secouée par les proches de celui-ci dans un parking sombre. Choquée, elle ne risque plus d'approcher son amoureux d'un soir.

---

123. Éditions Hugo & Cie, 2006.

LA VRAIE RAISON DU COUP DE BOULE

L'épisode du « coup de boule » traduit à lui seul l'immunité dont il bénéficie. Officiellement gracié par le Président Chirac lui-même, personne n'ose émettre de critique. Seul le journal *L'Équipe*, dans un édito qui fera date, osera briser ce bel unanimisme. Grosse colère :

« Zinédine, savez-vous que le plus difficile ce matin n'est pas d'essayer de comprendre pourquoi les Bleus, vos Bleus, ont perdu, hier soir, une finale de Coupe du Monde à leur portée. Mais d'expliquer à des dizaines de millions d'enfants à travers le monde comment vous avez pu vous laisser aller à asséner ce coup de tête. » Fureur de Franck Riboud, le patron de Danone, l'un des principaux sponsors de Zidane… et annonceurs de la presse.

Le lendemain, Claude Droussent, alors directeur de la rédaction de *L'Équipe*[124], retourne sa veste et présente ses excuses. En page intérieure, une pub Danone montre un Zidane agenouillé devant un enfant. Image christique…

---

124. Claude Droussent a quitté le groupe *L'Équipe*, le 21 mars dernier.

La désinformation entourant les insultes proférées par Materazzi n'a pas non plus manqué d'intriguer. Tout a été écrit. Tout et son contraire. Le *Daily Star* a même évoqué des propos racistes en affirmant que le rugueux défenseur italien l'avait traité de « terroriste ». La vérité est bien plus prosaïque.

Lors de la fameuse friction entre les deux joueurs, Zidane, exaspéré d'être tenu par le maillot, toise son adversaire d'un condescendant :

« Si vraiment tu veux mon maillot, je te le donnerai après ! »

« Je préfère ta putain de sœur[125] », réplique le joueur italien. Cette insulte ne tombe pas par hasard. Le joueur de l'Inter se souvient que lorsque Zidane jouait à la Juventus de Turin, sa sœur Lila, une magnifique brune aux yeux verts, ne laissait pas indifférent le vestiaire turinois. Marco Materazzi, dont le seul but est de faire péter les plombs de son adversaire est bien sûr au courant de ces ragots. Méchant comme une teigne, il appuie là où cela fait mal et obtient ce qu'il cherchait : l'expulsion de Zidane.

125. Materazzi confirmera ses propos dans le magazine TV, *Sorrisi e Canzoni*, le 20 août 2007.

La violence de Zidane a, elle aussi, toujours été un sujet tabou. Sa carrière est pourtant émaillée d'une ribambelle d'actes violents avec pas moins de 14 cartons rouges récoltés, dont douze directement sans passer par l'avertissement. Un chiffre énorme pour un joueur du secteur offensif.

La blanche colombe ne sera pas non plus atteinte médiatiquement par le scandale du dopage qui frappe la Juventus de Turin. Son audition du 26 janvier 2004 devant le juge Giuseppe Casalbore, chargé de mettre en lumière les pratiques dopantes au sein du club piémontais de 1994 à 1998[126], attendra deux années avant d'être publiée, dans l'indifférence générale, par l'hebdomadaire *Le Point*[127]. Un face à face où le joueur français, visiblement mal à l'aise, admet avoir recours à des piqûres de « vitamines », une à deux fois par semaine. L'énorme bourde de Johnny Halliday sur le plateau de « Merci pour l'info » en octobre 2003, n'aura pas non plus de conséquence fâcheuse pour la star du ballon.

126. Le procès, qui a démontré que certains joueurs avaient utilisé des médicaments à des fins dopantes, débouche sur des relaxes, car la période incriminée (1994-1998) est antérieure à la loi antidopage votée en 2000.

127. Le 3 août 2006.

Le chanteur y révélait pourtant que Zizou lui avait conseillé une clinique suisse[128], dans laquelle il avait pu se faire oxygéner son propre sang et retrouver une forme de jeune homme.

Image sacrée encore une fois quand, ce 13 juin 2004, lors du match de l'Euro opposant la France à l'Angleterre, les caméras de télévision ne diffusent volontairement aucune image d'un Zidane pris de vomissements, au moment de tirer le penalty victorieux face à David James.

Oui, Zinédine Zidane doit forcément rester ce héros immaculé. Pour l'éternité.

128. Selon l'article du *Nouvel Observateur* du 14 juin 2007, il faudrait davantage chercher du côté du Tyrol italien : la clinique du « Docteur » Chenot, située à Merano, est réputée pour ses pratiques en autotransfusion.

3

THIERRY HENRY, LE TÉLÉPHONE PLEURE

L'histoire est furieusement ironique. Thierry Henry, ambassadeur de l'opérateur SFR pour promouvoir l'offre de messageries illimitées, s'est fait pincer précisément à cause de ces maudits SMS.

Ce matin-là de mai 2007, Claire Merry « Henry » s'ennuie ferme dans sa maison à 9 millions d'euros, nichée dans le Hampstead, le quartier ultra-chic du nord de Londres. Distrait, son mari est parti à l'entraînement en oubliant de prendre son téléphone portable. Son épouse y découvre de biens terribles secrets : des messages compromettants, des photos douteuses… De retour à la maison, le footballeur reçoit une volée de bois vert. Claire le somme de lui fournir des explications. En vain. Thierry Henry s'enferre dans le silence. Préférant fuir la fureur de son épouse et le tumulte de la scène de ménage, l'international français choisit de tourner les talons. Ni une, ni deux, il quitte le domicile conjugal en se séparant quasiment sur le champ de son alliance. Comme dit le proverbe : « Les histoires d'amour finissent mal, en général. »

LE TEMPS DU BONHEUR

Et là encore, tout avait bien débuté. En 2002, l'attaquant de l'équipe de France flashe sur Claire, renversant mannequin aux yeux verts et au visage de porcelaine parsemé de taches de rousseur. Ce jour-là, la belle Anglaise joue le rôle de sa fiancée sur le tournage de la pub « Clio » de Renault. Le coup de foudre est immédiat et réciproque.

Après la débâcle de la Coupe du Monde en Corée, Thierry Henry trouve alors un précieux réconfort auprès de Claire. Il la couvre de cadeaux et lui offre un diamant pour sceller leurs fiançailles.

« J'ai rencontré la compagne idéale pour moi. Je l'aime, je suis heureux… », confie-t-il à l'époque.

Le 5 juillet 2003, le couple célèbre ses noces en grandes pompes dans l'une des demeures victoriennes les plus réputées de Grande-Bretagne : le château de Highclere, à Newbury, situé à une centaine de kilomètres de Londres. Une journée à 60 000 euros pour profiter de ce lieu enchanteur à l'architecture néogothique, au faste élégant et aux salles de bals grandioses, où naguère Lady Di ou la reine Élizabeth II ont pu faire admirer leurs magnifiques pas de danse.

Les invités n'ont rien à envier à la cour royale. Parmi eux : Emmanuel Petit, accompagné de sa femme Agathe de La Fontaine, Patrick Vieira, le capitaine et meilleur ami de Thierry Henry à Arsenal, ou encore Arsène Wenger, son entraîneur et son mentor. Ivre de bonheur, le Gunner confesse :

« J'ai eu le sentiment que le temps était venu pour moi de construire quelque chose d'important, expliquait-il encore. Je suis un impulsif. Lorsque je ressens une émotion très forte, je n'hésite pas. C'est ce qui s'est passé avec "Babe". J'étais sûr de moi, et je le suis toujours[129]. »

---

129. *Gala* du 21 janvier 2003.

UN DIVORCE QUI COÛTE CHER

Mais si « l'amour rend aveugle, le mariage lui rend la vue », dit l'adage populaire. La brutalité de l'annonce de leur séparation en juillet 2007 donne lieu à une âpre bataille juridique. Dans les pièces transmises au tribunal du centre de Londres, Nicole[130] Merry parle du « comportement déraisonnable de son mari ». Un doux euphémisme pour signifier son infidélité. L'« anaconda » – comme l'appelle ses copains de vestiaire en raison de la proportion phénoménale de son entrejambe –, est considéré comme l'un des plus beaux mecs de la planète football.

Réputé pour sa générosité, « Titi » n'a tout de même pas envie de se faire plumer par son ex-épouse. Pour assurer sa défense, il engage les meilleurs avocats anglais : le redoutable cabinet Mishcon de Reya qui a défendu, par le passé, les intérêts de la princesse Diana et de l'ancien Beatles, Paul McCartney. Ce ne sera pas suffisant. Nicole Merry obtient un tiers de la fortune du footballeur, soit 15 millions d'euros.

130. Nicole est le vrai prénom de la jeune femme qui se fait appeler Claire dans le mannequinat.

Dans un communiqué officiel concocté par ses avocats, Thierry Henry fait contre mauvaise fortune bon cœur :

« Thierry est très attristé par la fin de son mariage. Il souhaite aller de l'avant dans sa vie et maintenir la meilleure relation possible avec Claire pour le bien de sa fille Téa qu'il aime très fort. »

Et de préciser de manière lapidaire :

« Thierry Henry tient à souligner que, contrairement à ce qu'ont annoncé les journaux, son départ pour Barcelone ne tient qu'à des raisons sportives. »

Troublant. Après huit années passées à Arsenal, les observateurs croyaient que le fils spirituel d'Arsène Wenger allait terminer sa carrière chez les rouge et blanc. Thierry Henry, emblème de la résurrection d'Arsenal et recordman de buts inscrits dans l'histoire du club (226 réalisations) était présenté par ses dirigeants comme la pierre angulaire des succès à venir. Mais, depuis la découverte du pot aux roses en mai, Thierry Henry a manifesté à plusieurs reprises, en privé, l'envie de prendre le large en confiant à de nombreux amis qu'il avait besoin de s'éloigner de tout ce qui est anglais, y compris sa femme.

Les médias anglais et espagnols, toujours à l'affût du scoop, ont trouvé une autre grille de lecture au départ surprise du meilleur buteur de Premier League. Ils évoquent une romance avec Paz Vega, une splendide actrice espagnole de trente ans, rencontrée, elle aussi, à l'occasion d'un tournage publicitaire.

Acheté l'été 2007 pour 24 millions d'euros, le meilleur buteur de l'histoire des Bleus fournit des prestations trop tièdes aux yeux des dirigeants catalans. Deux mois après son arrivée, les *socios* s'interrogent : « Que peut-il nous apporter de plus que Messi, Eto'o ou Ronaldinho ? » Robert Pires, son copain qui évolue aussi en Liga à Villareal, se pose alors en premier supporter : « Pour l'instant, son divorce lui pèse encore, mais il va bientôt donner sa pleine mesure. »

LES CONFIDENCES D'HENRY

Pas si sûr. Le mal semble plus profond. Le mercredi 12 mars 2008 à 17h30, en pleine conférence de presse, Thierry Henry, habituellement si avare de mots, se lâche. Devant des journalistes éberlués, il égraine les raisons de son blues. Un spleen qui, selon lui, nuit à ses performances sportives. Un entretien d'une rare sincérité chez un footballeur de son rang :

– Dimanche, on vous a reproché d'avoir quitté le stade avant la fin du match...

Thierry Henry : – Lorsque je suis sorti, j'ai tapé dans la main de tout le monde sur le banc. Puis je suis allé prendre ma douche. J'ai regardé la fin du match des vestiaires. Lorsque j'ai vu le but de Tomasson, je me suis dit que c'était mort et je suis rentré. Ce n'est pas quelque chose à faire. Depuis un petit moment, je suis sur les nerfs. Je ne suis pas moi-même. Je fais des trucs que je n'ai pas l'habitude de faire.

– Pourquoi ?

– Je n'en ai jamais parlé jusqu'à maintenant. Depuis que je suis arrivé ici, je ne vois quasiment plus ma fille. Il n'y a que lorsqu'elle est là que je me sens heureux. Ce n'est pas souvent et ce n'est pas évident. Je ne vais pas rentrer dans les détails de ma vie privée. C'est beaucoup plus difficile que tout ce qui peut se raconter. J'ai souvent mis ma carrière avant tout le reste. Le fait de ne pas avoir ma fille à mes côtés me fait prendre conscience qu'il y a des choses plus importantes.

Quand tu ne te sens pas en harmonie dans ta vie privée, ce n'est pas toujours évident de donner un bon rendement sur le terrain.

Le lendemain, la presse espagnole s'étonne de ces confessions intimes. Cruel, l'influent *Sport*, le journal catalan le plus au fait des secrets du vestiaire barcelonais, lâche son fiel dans un édito :

« Ce n'est pas normal qu'un joueur convoque une conférence de presse avant un entraînement. Il n'est pas logique, non plus, qu'étant Français, il s'exprime en anglais sous prétexte d'éviter les mauvaises interprétations. Mais le plus surprenant, c'est qu'il justifie son discret rendement sportif par des problèmes personnels en évoquant les vicissitudes de sa vie privée, avec sa fille en point névralgique. Si les médias avaient révélé cette affaire, il nous l'aurait reproché. »

Le quotidien national *El Mundo*, faussement austère, embraie : « Ces confessions sont plus proches d'un personnage de la presse rose que d'un footballeur. » Et le très sérieux *El Pais* de conclure, dans un billet intitulé « Fragilité sentimentale » :

« Le Barça : un club passionnel qui commence à trouver les réponses à ses problèmes sportifs dans les conflits personnels. Mauvaise affaire, quand la famille s'invite au Camp Nou et qu'on cesse d'y parler de football. »

Les journalistes ibériques ont tort de minimiser les problèmes de cœur des footballeurs. Ils rejaillissent toujours sur le terrain. Un jour, Lev Yachine, grand gardien de but russe dans les années 1960, idole du Dynamo Moscou, surnommé « l'araignée noire » pour ses arrêts aussi décisifs qu'extraordinaires, passe complètement au travers de sa première mi-temps contre le Spartak, le grand rival. Le Ballon d'Or 1963, figé sur sa ligne, encaisse des buts stupides. Il est méconnaissable. Il soupçonne son épouse d'entretenir une liaison avec l'un de ses coéquipiers. À la mi-temps, sa femme vient le trouver à l'entrée des vestiaires et le rassure :

« Mais que t'arrive-t-il, Lev ? Tu ne peux pas continuer comme cela… Gagne-moi ce match… Fais-le pour moi ! Je t'aime… »

En seconde mi-temps, métamorphosé, Lev Yachine arrête tout, encourage ses partenaires qui réussissent à égaliser et, enfin, à battre le Spartak.

Plus près de nous, lors du terrible automne 1993, Jean-Pierre Papin, en plein divorce, traverse une dépression passagère. En octobre, lors du match décisif pour la qualification au mondial américain, il sombre. Et l'équipe de France avec. Israël vient gagner à Paris. JPP est la cible des 40 000 spectateurs du Parc des Princes qui le sifflent bruyamment. Tous ignorent la détresse intérieure de l'avant-centre des Bleus. Un mois plus tard, lors du tragique match face aux Bulgares de Kostadinov, rebelote. Après la défaite qui le prive d'une dernière Coupe du Monde, JPP annonce qu'il raccroche :

« Je ne veux plus parler de l'équipe de France, je ne suis plus capitaine de l'équipe de France. D'ailleurs, je ne suis plus rien. Qu'on me laisse tranquille. »

Comme quoi, la vie n'est pas toujours rose pour nos millionnaires du ballon rond.

4

CLAUDE MAKÉLÉLÉ, LE ROI DU « BLING-BLING »

L'endroit ? Délicieusement « bling-bling ». Ce 26 février 2006, Claude Makélélé, l'infatigable milieu de terrain à l'âge incertain, inaugure son dernier joujou au nom un brin tapageur : le Royce. Lové dans le quartier chic du Faubourg Saint-Honoré, à un jet de pierre de la Place Beauvau, le resto-disco-bar *lounge* ressemble à un vrai salon de footballeurs : écrans plasma disproportionnés, miroirs égocentrés et canapés hospitaliers. Le joueur de Chelsea n'a jamais regardé à la dépense. Riche d'un matelas de 30 millions d'euros, le récupérateur, capable de claquer plus de 100 000 euros par semaine en fringues de luxe et en babioles improbables, est un solide épicurien. Certains patrons de bars londoniens parlent avec émotion des 1 500 euros de champagne et de Châteauneuf-du-Pape payés en liquide et avec le sourire.

Ce soir-là, « Kéké » – comme l'appelle affectueusement Raymond Domenech, qui préfère ce sobriquet à celui de « Mi-cuisse » que lui ont poétiquement accolé ses copains, dont Thierry Henry, déclassé en la matière – attend ses amis footballeurs : David Trezeguet, Patrick Vieira, Sylvain Wiltord, mais aussi ses copains rappeurs comme Stomy Bugsy ou Kool Shen. Au milieu de clones de Ken et Barbie, l'imperturbable patron au costume blanc immaculé ne se laisse pas distraire par le décolleté de « Diana », l'inoubliable brune de « L'île de la tentation », une de ces émissions de TF1 qui veillent à rendre nos cerveaux disponibles. Plus loin, au salon « VIP », le saint des saints, Kenza, du « Loft », discute le bout de gras avec l'actrice Noémie Lenoir, l'épouse de Makélélé, tandis que Jean-Luc Reichmann ne quitte plus la troublante « Elena », de « Nice People ». Un casting sur mesure pour le Blues des Bleus, dont la carrière a parfois pris les contours d'une émission de téléréalité. Avec des tabloïds anglais, trop heureux de faire office de confessionnal.

LE BEURRE ET L'ARGENT DU BEURRE

C'est la pétillante Jamelah Asnar, belle plante de vingt-sept printemps, qui ouvre les hostilités dans les colonnes du *Sun* durant l'été 2005. Le titre : « Pendant un an, j'ai été la maîtresse de Claude Makélélé. »

« Nous avons été présentés en 2004. Son accent était trop mignon. Entre nous, le courant est passé immédiatement. Après chaque match en Angleterre, il fonçait à Stamford Bridge me rejoindre au volant de sa Bentley. Quel amant ! Fort, endurant... Dame Nature l'a gâté. Il adorait mes seins et mon postérieur moulés dans la lingerie fine. »

La suite ne manque pas de piquant :

« Après la déroute de son équipe à l'Euro 2004, Claude m'a emmenée en vacances dans sa villa de Saint-Tropez. Là, il m'a parlé de sa petite amie, qu'il voyait depuis quelques mois à peine. Rien de bien sérieux, me disait-il. Il m'a juré que j'étais la seule dans son cœur. D'ailleurs, je n'ai pas eu la curiosité de lui demander qui c'était. »

Mais quand la belle Jamelah, un tantinet soupe au lait, découvre dans un magazine que la petite amie de

« Kéké » n'est autre que Noémie Lenoir, son sang ne fait qu'un tour ! L'ancienne égérie de l'Oréal pose alors enceinte de quatre mois dans la villa de Saint Tropez. Un *shooting* effectué quelques jours avant que Jamelah ne prenne possession des lieux. Faute de goût impardonnable : Noémie porte le même diamant Teddy Bear que Claude vient de lui offrir. Décidément, une manie bien française ! N'est-ce pas, Carla Bruni ?

Peu encline à jouer les remplaçantes, Jamelah, l'écume entre les lèvres, hurle alors sa rage au milieu de terrain défensif. Doté d'un bon sens tactique, Claude Makélélé parvient à la retourner. Selon Jamelah, ses arguments, comme sa chaîne, étaient en or massif :

« Il m'a dit : "Comprends-moi, je ne vais pas lui tourner le dos alors qu'elle attend un enfant ! Tu restes néanmoins l'unique amour de ma vie." »

LES TIRAILLEMENTS DE NOÉMIE

De son côté, Noémie, à l'instar de Claire Merry, a découvert le portable secret de son compagnon où elle a pris connaissance de l'ampleur de ses conquêtes. Elle sort d'emblée le carton rouge, et indique à son footballeur la porte de sortie. Elle lui réserve, en outre, un accablant compte-rendu de match dans le magazine *The People*, daté du 2 octobre 2005 :

« C'était l'homme que je voulais épouser, mais aujourd'hui, je ne veux plus entendre parler de lui. Claude était un amant merveilleux Nous faisions l'amour tout le temps et partout. Mais nos rapports torrides ne lui suffisaient pas. Pour lui, trois jour sans sexe, c'est beaucoup trop long, alors il passait son temps à me tromper. Claude est un vrai salaud qui sait exactement ce qu'il fait. C'est un homme totalement dépourvu de sentiments. La découverte du téléphone m'a permis de confirmer tous mes doutes. J'ai ainsi pu reconstituer toutes les pièces du puzzle. Tout ce temps passé loin de moi, ces entraînements, ces rendez-vous n'étaient que des prétextes pour aller voir d'autres femmes. J'ai aussi réalisé que jamais il ne m'avait emmenée avec lui à l'un de ses matches. Sûrement parce que ses coéquipiers l'avaient vu avec d'autres filles ! Heureusement que je gagne bien ma vie, je ne veux plus de son argent. »

La rage au cœur, elle dévoile le trouble obsessionnel compulsif (TOC) du père de son enfant. La grande classe :

« La seule chose qui m'inquiétait chez lui, c'était son obsession pour la pornographie. Il avait une centaine de films et voulait tout le temps les regarder. »

Deux ans plus tard, Noémie Lenoir, frappée d'amnésie ou dotée d'une grande capacité de résilience, file toujours le parfait amour avec le footballeur de Chelsea. Elle le clame haut et fort au magazine *Gala*[131]. À la question de savoir quelles sont les qualités qu'elle apprécie chez son petit « Kéké », la belle métisse roucoule tout son bonheur :

« C'est un homme qui sait prendre soin d'une femme. Je suis tombée enceinte un mois seulement après l'avoir connu. Eh bien, il a assumé à fond ! Dès le début, cela a été la passion, et c'est toujours le cas. »

Et de préciser :

« Claude et moi, nous ne sommes pas les nouveaux Beckham ! » Cela ne souffre d'aucune espèce de doute : son compagnon joue mieux au football. Quant à Noémie, elle est bien meilleure comédienne…

131. Numéro du 6 juin 2007.

LE SEXE, UN REDOUTABLE INSTRUMENT DE POUVOIR

Dans le milieu du foot, tous les coups sont permis : trahison, chantage, manipulation. Pour gagner des matchs, nuire à l'adversaire, ou déstabiliser son propre coéquipier, voire son entraîneur, certains ne manquent pas d'imagination, ni de culot.

Scène de chasse sur le Vieux-Port. Ce 14 janvier 2004, Alain Perrin, visage blême, apprend qu'il n'est plus l'entraîneur de l'Olympique de Marseille. Après neuf défaites en quinze matchs, le sort de « l'élégant » était depuis longtemps scellé du côté de la Commanderie, le centre d'entraînement des Olympiens. C'est la loi d'airain qui prévaut dans le monde du football, où l'entraîneur joue toujours le rôle de premier fusible du président. Mais là, les raisons de son licenciement le laissent sans voix. Son patron, Christophe Bouchet, lui reproche une faute grave classée X. Alain Perrin se frotte les yeux pour y croire. Pour le priver de ses 4,5 millions d'euros d'indemnités légales, l'OM, exsangue financièrement, l'accuse de « faits de harcèlement sexuel sur plusieurs employées, exhibition sur son lieu de travail et défaut d'information de l'employeur ». Un soir de novembre 2003, le charmant manager a été surpris en fâcheuse posture avec la lingère du club, boxeuse amateur à ses heures.

BOMBE À L'OM

Bonne âme, Christophe Bouchet, se dit disposé à passer l'éponge sur les dérives érotomanes de son ancien entraîneur si celui-ci accepte un confortable chèque de 600 000 euros. Refus catégorique d'Alain Perrin. Accepter un tel marché, c'est reconnaître sa faute. Le coach olympien ne peut s'y résoudre. Un long bras de fer juridique s'engage. Long et sanglant. Son avocat, Jean-Jacques Bertrand, dénonce une procédure machiavélique :

« Ces motifs de licenciement sont ignominieux. Ces artifices ne poursuivent qu'un seul but : obscurcir l'appréciation des juges du tribunal des prud'hommes. Il n'y a aucune preuve pour étayer ces allégations, et nous allons saisir le tribunal pour atteinte à l'image d'Alain Perrin et atteinte à la vie privée. Ils ont souhaité déstabiliser mon client, le rendre honteux pour qu'il accepte son limogeage. »

De son côté, Maître Labi, l'avocat de l'OM, étaie ses accusations sur les bases d'une enquête interne menée par le président de l'association OM, l'inénarrable Jean-Pierre Foucault, l'animateur de « Qui veut gagner des millions », chargé cette fois de « faire économiser des millions » à son club chéri. En versant cette pièce au dossier, l'avocat dégoupille une sacrée bombe : il rend *de facto* le dossier public. Et dangereusement médiatique.

En juin 2004, alors que tout le monde ignore encore les vrais motifs invoqués par le club marseillais pour justifier le licenciement d'Alain Perrin, l'hebdomadaire

VSD[132] publie la lettre confidentielle de l'animateur de TF1, envoyée à son ami, Christophe Bouchet.

Un document exclusif, daté du 9 février 2004, que nous reproduisons dans son intégralité :

« Monsieur le Président, cher Christophe,

Suite à ton courrier du 27 janvier courant, j'ai organisé vendredi 5 février une rencontre informelle avec les jeunes du Centre de formation autour d'une "galette des rois", à la Commanderie.

En effet, je souhaitais tenir directement des jeunes du Centre de Formation ce dont ils avaient été témoins afin de ne pas colporter une éventuelle rumeur, qui je te le confirme, était parvenue jusqu'à mes oreilles. Le résultat de mon enquête est le suivant : plusieurs jeunes du Centre que j'ai interrogés individuellement, mineurs pour certains d'entre eux, ont effectivement observé Alain Perrin dans une posture indécente, un jeudi soir de novembre 2003, à la Commanderie.

La scène s'est déroulée dans l'espace de stockage situé au premier étage du bâtiment pro, derrière une vitre,

132. Numéro du 24 juin 2004.

à la tombée de la nuit. D'après ce qui m'a été rapporté par ces jeunes témoins, elle aurait duré deux ou trois minutes, le temps qu'un petit attroupement se forme et que le chahut s'amplifie. Elle a cessé lorsque l'un des jeunes a donné un coup de sifflet, probablement entendu par les deux personnes en cause.

Sans évoquer une relation sexuelle, ni une exhibition volontaire, les jeunes m'ont fait part d'attouchements "énergiques" effectués par Alain Perrin sur une personne féminine qu'il tenait dans ses bras et dont ils ne m'ont pas révélé l'identité (je ne la leur ai pas demandée).

En ma qualité de Président de l'association Olympique de Marseille, je déplore vivement que des jeunes aient pu être témoins d'un tel spectacle sur le lieu même de leur apprentissage. L'incident me semble d'autant plus grave qu'il met en scène l'une des autorités les plus emblématiques du club dont le comportement devrait être exemplaire, d'autant que rigueur et discipline sont des valeurs qu'il exige de la part de ses joueurs et collaborateurs.

Bien entendu, s'agissant d'un salarié de la SASP, je ne désire commettre aucune ingérence dans la suite que tu souhaiterais réserver à cette affaire. Néanmoins, je tenais à te faire part officiellement du commentaire qu'elle m'inspirait.

Restant à ton entière disposition, je te prie de croire, cher Christophe, en l'assurance de mes sentiments cordiaux. »

Jean-Pierre Foucault, reconverti en inspecteur de l'OM, frôle alors la bavure. Le dossier est désespérément vide. L'acte d'accusation principal concernant le « harcèlement sexuel » ne repose sur aucun témoignage ni aucun fait précis. La belle lingère explique que son étreinte avec le manager général de l'OM était parfaitement consentante. Pis, aucun parent des jeunes stagiaires du Centre de Formation n'a souhaité fournir d'attestation pour appuyer la thèse du club phocéen.

La médiatisation de l'affaire place Jean-Pierre Foucault, l'homme de la mairie et l'ami de Jean-Claude Gaudin, dans une bien inconfortable position. En interne d'abord, quand le conseil d'administration de l'association Olympique de Marseille en charge de la marque OM lui demande de rendre des comptes pour cette singulière initiative. Parmi eux, l'avocat marseillais, Renaud Belnet, qui s'interroge dans les colonnes de *VSD* :

« Dans le meilleur des cas, Jean-Pierre est une victime. Dans le pire, il est le complice actif d'une opération menée pour déstabiliser Perrin[133]. »

Une déclaration qui a le don de rendre furieux le gentil animateur de la Une. Lors du conseil d'administration très tendu mettant face à face Jean-Pierre Foucault et Renaud Belnet, des noms d'oiseaux sont échangés. Des propos homophobes fusent. L'avocat, droit dans ses bottes et le regard fixe, évoque les raisons qui l'ont poussé à parler publiquement à *VSD*, et égraine les fautes commises par son président. Un acte de bravoure qu'il va payer cher[134] :

« Suite au courrier de Jean-Pierre Foucault, l'association se voit logiquement attaquée par les avocats de Monsieur Alain Perrin en paiement de 1 million d'euros de dommage et intérêts. Nous risquons, par l'imprudence de notre président Jean-Pierre Foucault,

133. Édition du 15 avril 2004.
134. Fin octobre 2004, Robert Louis-Dreyfus lui demande de démissionner de son poste d'administrateur de l'association Olympique de Marseille.

une lourde condamnation. » À ses côtés, le commissaire aux comptes opine du chef et enchaîne :

« N'ayant pas eu connaissance de l'assignation de Monsieur Perrin, aucune provision n'a été faite au cas où l'association serait condamnée à payer ce million d'euros. Je n'approuverai donc pas les comptes. » Une première dans l'histoire mouvementée du club.

Jean-Pierre Foucault, pris dans le tourbillon médiatique, doit aussi s'expliquer au sein de l'état-major de TF1. Du côté de Boulogne, on goûte peu ce feuilleton marseillais où l'une des têtes de gondole de la maison joue les premiers rôles. Prenant sa plus belle plume, la star du petit écran écrira une nouvelle lettre. Cette fois, il l'enverra à l'éditeur de *VSD* pour lui dire tout le bien qu'il pense des deux journalistes de l'hebdomadaire[135].

Mais, grâce à une minutieuse campagne de communication, Jean-Pierre Foucault va sortir de ce vilain guêpier. D'abord, lors d'une interview avec des lecteurs du *Parisien*[136] au titre persuasif, « Oui, je suis gentil »,

135. Michel Biet et Jérôme Jessel.
136. Édition du 10 juillet 2004.

l'animateur revient au détour d'une question sur la fameuse affaire :

Le Parisien : – Pourquoi avez-vous accepté, à la demande de Christophe Bouchet, le président de l'OM, de mener une enquête personnelle sur Alain Perrin, l'entraîneur licencié pour des faits de harcèlement sexuel – qu'il réfute – auxquels des enfants auraient assisté ?

Jean-Pierre Foucault : – On m'a posé une question. J'y ai répondu en mon âme et conscience pour défendre des enfants mineurs dont j'ai la charge. Pour le reste, c'est une affaire de justice et je ne vous en dirai pas plus.

Touchant. Le bon Jean-Pierre obtiendra aussi la Une de *TV Magazine*[137], avec les deux stars de l'époque, Fabien Barthez et Bixente Lizarazu. « Foucault : son cœur bat pour l'OM », clame alors l'hebdomadaire, en précisant : « Les détails de son engagement pour le club phocéen. » Une annonce un peu curieuse quand on sait que l'homme de Carry-le-Rouet est à l'OM depuis le milieu des années 1990. En 2005, la publication de

137. Édition du 21 novembre 2004.

sa poignante autobiographie, *Le Sourire aux larmes*[138], achèvera de restaurer son image passablement abîmée par « l'affaire Perrin ».

Pendant ce temps, Alain Perrin entame une douloureuse traversée du désert. Après un bref passage à Al-Aïn, aux Emirats Arabes Unis, il rejoint Portsmouth pour huit mois. Sa femme l'a quitté. L'entraîneur, réputé pour sa rigidité, ne cache plus son désarroi[139] :

« Je suis blessé et écœuré. Cette histoire touche ma famille et mes enfants et là, c'est grave. J'essaye de rester froid et lucide, mais ce n'est pas forcément évident. »

Il ajoute plus comminatoire :

« J'ai déposé une plainte au pénal pour atteinte à la vie privée et j'irai jusqu'au bout. »

Après deux ans de bataille juridique, l'OM et son ancien entraîneur trouvent enfin un accord à l'amiable. Le portefeuille plus lourd et le cœur plus léger, Alain Perrin renonce à ses poursuites au pénal et encaisse un joli chèque de 2,5 millions d'euros. C'est moins

138. Éditions Calmann-Lévy, 2005.
139. *Le Parisien* du 12 juin 2004.

bien que les 4,5 demandés, mais bien mieux que les 600 000 euros proposés par Christophe Bouchet.

« J'ai agi dans l'intérêt de l'entreprise, mais il n'en reste pas moins qu'Alain Perrin a été un très bon entraîneur », dira plus tard sans rire l'ancien patron du club, lui-même limogé quelques mois après son manager général[140].

L'actuel entraîneur de Lyon savourera une douce revanche, en mai 2007, quand, avec Sochaux, il battra l'OM en finale de la Coupe de France. Le foot offre souvent de délicieux rebondissements et de biens facétieux clins d'œil.

Reste que l'image du club olympien, déjà empoisonnée par une longue série de procédures judiciaires concernant des transferts douteux, ne sort pas grandie pas cette histoire.

Ce n'est pas la première fois que des histoires de fesses s'invitent du côté du Stade Vélodrome. Mais jusque-là, elles n'avaient pas dépassé la Porte d'Aix[141]. Certains salariés du club s'étaient émus par le passé

140. Le 25 novembre 2005.
141. Monument qui marque l'entrée dans Marseille.

de voir propulser à des postes stratégiques de fieffés incompétents embauchés à la faveur « d'amitiés viriles ». Des beaux mecs bombardés à prix d'or à l'OM parce qu'ils avaient su s'attirer les bonnes grâces d'un homme politique incontournable ou d'un dirigeant influent.

En mars 2007, le vrai-faux roman *Pastis à l'OM*[142], ouvrage anonyme écrit sous le pseudonyme de Ray Grassi, mais manifestement rédigé par d'anciens cadres du club, met le feu aux poudres du côté de la Canebière. Le livre y narre, sans omettre le moindre détail croustillant, la consommation frénétique de call-girls d'un grand ponte du club. On découvre également comment une employée du club, vaguement chargée des relations avec la presse, présentée sous les traits de Danielle Casanova, tente de gravir les marches de la hiérarchie en usant et abusant de ses charmes.

Plus grave, des observateurs avisés du club phocéen soutiennent que le Milieu à une époque aurait tenu dans sa main un dirigeant pour une sombre histoire dont il prétendait détenir des clichés.

142. Éditions Payot, 2007.

VÉNÉNEUSES *VELINE*

Mais l'Olympique de Marseille n'a pas le monopole du scandale. Quelques kilomètres plus à l'est, passée la frontière transalpine, de telles pratiques sont monnaie courante.

Terre sainte du football, l'Italie est aussi le pays des *veline*[143]. Ces bimbos à la poitrine inversement proportionnelle à leur QI vampirisent les innombrables émissions consacrées au football[144] et autres programmes à la vacuité assurée. Sur le plateau télé, la *velina* parle peu, mais danse beaucoup, le plus souvent dans une tenue aussi dépouillée que sa culture du ballon rond. Véritable phénomène de société en Italie, elle est devenue un exemple à suivre chez beaucoup de jeunes filles de la Péninsule, qui rêvent de devenir un jour l'égale d'Ilary Blasi, la femme de Francesco Totti, le « Gladiateur » de l'AS Roma. La belle Ilary, qui n'hésite pas à poser nue pour les revues coquines, s'est fait connaître du grand public grâce à la Rai, et l'émission

143. Les *veline* sont des plantes vertes légèrement vénéneuses.
144. Les plus célèbres sont « Il Processo di Biscardi » ou encore « Quelli che Il Calcio ».

« *Passaparola* », qui rentrera sans doute un jour dans les annales de l'histoire de la télévision.

Dans le Calcio, l'aura d'un joueur se mesure aussi à l'aune de sa compagne. Pour une question de prestige et de marketing, il est toujours bon de s'afficher avec une *velina*. Alena Seredova, fiancée du gardien de la Juventus de Turin, Gianluigi Buffon, avait tous les atouts pour devenir un jour une *velina*. Ancien mannequin et Miss République Tchèque 1998, elle a fait sa première expérience à la télé italienne dans « *Torno Sabato* » avant d'exercer dans le « Stade 2 » local, « *Domenica Sportiva* ». Tout comme Federica Ridolfi, la petite copine de Giuliano Giannichedda, ancien joueur de la Juve aujourd'hui à Livourne. Cette gogo danseuse de formation aux mensurations de rêve truste aujourd'hui les émissions sportives. Tout cela pour les beaux yeux du téléspectateur italien tout heureux de trouver des motifs d'excitation le dimanche après-midi. Un joueur comme Davide Bombardini, obscur milieu de terrain de Bologne, a réussi à gagner en notoriété grâce à sa liaison avec Giorgia Palmas, considérée comme l'une des reines des *veline*. Pourtant, les footballeurs devraient davantage se méfier de ces croqueuses de diamants. Les *veline* peuvent se montrer bien vilaines. Mues par un terrible besoin de publicité, certaines d'entre elles n'hésitent pas à faire du gringue à des stars comme Figo pour revendre leurs confessions à des journaux à scandale. Publicité garantie !

LE PAPARAZZI QUI FAIT CHANTER TREZEGUET

En 2007, le Calcio, déjà empoisonné par l'affaire des matchs truqués, s'offre un énième scandale. Ce 12 mars, John Woodcock, procureur de Potenza, ville de l'extrême-sud de la Botte, lance une grande vague d'arrestations à travers l'Italie. Le magistrat, qui enquête sur le prince Victor Emmanuel de Savoie, fils du dernier roi d'Italie Umberto II, accusé de corruption dans une affaire de prostitution et de machines à sous, a découvert, en marge de son instruction, l'existence de maîtres chanteurs qui sévissent auprès de stars du *show-biz* et du sport. À l'heure du laitier, Fabrizio Corona, surnommé « le roi des paparazzis », est arrêté par les carabiniers à son domicile milanais. Les policiers découvrent 1 600 disquettes regroupant près de 10 000 clichés. Des albums photos, où l'on découvre David Trezeguet sortant de discothèque en compagnie d'une jolie créature qui n'est pas sa femme Béatriz, mais une *velina* travaillant pour Mediaset, le groupe de télévision de Silvio Berlusconi.

Le cliché ne sera jamais publié. Fabrizio Corona et ses deux complices Bonato et Pensa, ont compris tout le bénéfice qu'ils pouvaient tirer de leurs « paparazzades » en faisant chanter leurs victimes. C'est d'ailleurs ce que va confirmer David Trezeguet aux enquêteurs. Même si la photo de sa sortie en boîte de nuit n'avait rien de compromettant, l'avant-centre de la Juventus de Turin a tout de même payé 25 000 euros au « roi des paparazzi » afin d'éviter une publication dans la très féroce presse transalpine[145].

Durant des années, Fabrizio Corona a fait régner la terreur dans le Calcio. Alberto Gilardino, l'attaquant de terrain du Milan AC, est flashé en galante

145. La plainte déposée par David Trezeguet pour « extorsion de fonds » se soldera par un non-lieu en janvier 2008, rendu par le juge de Turin, Silvia Salvadori.

compagnie ? Il lui demande 6 000 euros. « Ce n'est pas beaucoup pour vous », a-t-il coutume de lancer à ses victimes. En 2005, il rançonne Francesco Totti de 50 000 euros. Quelques jours avant son mariage avec Ilary Blasi, ce dernier a été pris en flagrant délit passionnel avec Flavia Vento, une des *veline* les plus coquines de la Péninsule.

Pour les joueurs récalcitrants, la sanction tombe immanquablement. Le Brésilien Adriano n'a pas accepté le deal et s'est retrouvé immédiatement dans les gazettes en train de boire et de fumer en compagnie d'une nuée de jeunes femmes. Tout comme Francesco Coco, le défenseur de l'Inter de Milan, qui a refusé de se faire racketter de 12 000 euros. Résultat, en mars 2007, le magazine *Novella 2000* publie une photo de lui aux bras de transsexuels.

La vie dissolue des footballeurs, un simple cliché ?

SEXE ET CORRUPTION

Objet de pouvoir, instrument de promotion ou de destruction sociale, le sexe, dans le milieu du ballon rond, est également un formidable outil de corruption.

Dans leur interminable course à l'occultisme lors des opérations de transferts – sujet principal de l'auteur dans son précédent ouvrage[146] –, de nombreux clubs ont pu se constituer de solides trésors de guerre. Des caisses noires qui, outre des enrichissements personnels, permettent de s'offrir clandestinement des produits dopants ou de délicates prostituées chargées de « fluidifier les relations sociales » avec les arbitres. Des « extras » fournis, la plupart du temps, par les mêmes réseaux mafieux. Des péripatéticiennes dans le lit des arbitres afin d'influer sur le résultat du match ? Dans le monde du football, la méthode est vieille comme le monde.

En 1990, le truculent Claude Bez, président légendaire des Girondins de Bordeaux et ennemi intime de Bernard Tapie, dévoile fièrement ses bonnes vieilles recettes :

« La Coupe d'Europe, c'est une fête. Par tradition, il faut accueillir les gens correctement. Mettre des voitures à leur disposition, offrir des repas et des cadeaux

146. *La Face cachée du foot business*, Jérôme Jessel et Patrick Mendelewitsch, Flammarion, 2007.

[…] et surtout ne pas oublier les prostituées pour les arbitres[147]. »

Quelques jours plus tard, sur le plateau de Téléfoot, il va encore plus loin quand les journalistes le questionnent sur la présence dans un hôtel de trois jeunes femmes manifestement très proches des arbitres du match face au PSV Eindhoven du 2 mars 1988 :

« C'étaient des prostituées que Barin, mon intermédiaire yougoslave avait fait venir de Paris. En Coupe d'Europe, cela nous est déjà arrivé cinq ou six fois d'agir de la sorte. Mais vous ne pouvez pas dire pour autant que les arbitres ont été achetés. »

Ces déclarations tonitruantes mettent en émoi le football français, drapé dans son honneur et bousculé dans sa pudeur.

En osant décrire l'arrière-cuisine guère ragoûtante du milieu, Claude Bez, habité soudainement par un vertige suicidaire, se met hors-jeu. Définitivement. Il persiste sur le mode de la provocation :

« La nuit, je dors, mes armes au pied du lit. Je suis chasseur et guide de chasse en Afrique. Combattant

147. *L'Équipe* du 30 octobre 1990.

d'élite, je tire assez vite et bien. Il ne sera pas facile d'éliminer Claude Bez. [...] Tant que je penserai être utile aux Girondins, je serai là. Même si j'allais en prison ! J'ai lu qu'un proxénète dirigeait ses affaires depuis sa cellule. C'est plus facile de s'occuper d'un club que de prostituées. »

Mais les garants de la morale auront tôt fait de lui déterrer quelques casseroles, jusque-là enfouies dans les limbes de l'éthique. Claude Bez vient de creuser sa tombe. Trois ans plus tard, la moustache la plus célèbre du foot français passe par la case prison[148].

En révélant ce secret de polichinelle, Claude Bez endosse alors l'habit du bouc-émissaire idéal. Pourtant, toute l'Europe du football semble utiliser les mêmes combines. Son homologue italien du Torino, Gian Mauro Borsano, est alors dans le viseur d'une

---

148. Le 22 mars 1994, le tribunal correctionnel de Bordeaux condamne Claude Bez à deux ans de prison, dont un an avec sursis, et à 2 millions de francs d'amende dans l'affaire du Haillan pour « escroquerie, faux par instruction et recel d'usage de faux ». Claude Bez avait obtenu des collectivités locales une enveloppe de 54 millions de francs pour la rénovation du centre d'entraînement du Haillan. Mais l'enquête du fisc a révélé un coût réel estimé aux alentours de 44 millions de francs. Il meurt dans l'indifférence générale, en 1999, des suites d'une crise cardiaque.

enquête judiciaire pour avoir prétendument fourni une call-girl à l'arbitre belge Guy Goethals, le propre fils de « Raymond la science », l'entraîneur légendaire de l'Olympique de Marseille. Au même moment, un ex-salarié du club rompt la loi du silence et révèle que le directeur sportif, Luciano Moggi[149], alias « Lucky Luciano », a acheté les arbitres des matchs à domicile du Toro, en Coupe de l'UEFA, durant la saison 1991-92. Il raconte la manière dont Moggi utilisait les prostituées. Interrogé par le procureur, Luciano Moggi jure ses grands dieux qu'il a toujours cru que ces dames étaient de simples traductrices ! Il s'en sort avec une amende. Dans ses attendus, le juge écrit tout de même : « Il ne peut être mis en doute qu'un plan d'assistance féminine des illustres hôtes du club a été conçu et mis en pratique. » Un art consommé de l'euphémisme, ces Italiens. À son tour, l'UEFA classera l'affaire.

Durant l'été 2000, la veille d'un obscur match d'Intertoto en Roumanie, l'arbitre français Stéphane Moulin dîne tranquillement avec ses assistants quand quatre

149. Il rejoindra ensuite la Juventus de Turin, où il sera au cíur du système des matchs truqués révélés en mai 2006.

prostituées déboulent. Leur mission : distraire le corps arbitral tricolore le temps d'une nuit. Furieux, Stéphane Moulin et ses deux acolytes quittent sur le champ la réception. Alertée, l'UEFA suspend un an Gheorghe Stefan, le président du club roumain Ceahlaul Piatra Neamt, et l'arbitre roumain, Florin Chivulete, chargé d'amadouer nos incorruptibles hommes en noir.

En avril 2004, le président de la Ligue portugaise passe sa seconde nuit en prison après son interpellation en compagnie de quinze autres personnes dans le cadre d'une enquête sur un trafic d'influence dans le milieu de l'arbitrage. C'est l'opération « Sifflet doré », comme le cadeau reçu en 2000 par l'arbitre Sergio Pereira. L'affaire entraîne l'interpellation du président du conseil d'arbitrage de la Fédération portugaise, Pinto de Susa, soupçonné de corruption passive, avec deux autres membres de la commission et neuf arbitres. Ce sont finalement cent soixante et onze personnes (vingt-sept présidents de clubs, cent dix arbitres, vingt-huit membres de la Ligue, deux maires et quatre hommes d'affaires) qui sont impliquées dans ce scandale sans précédent.

Parmi eux, Pinto da Costa, le propre président du FC Porto, mis en examen pour corruption active. Il a offert les services de prostituées à des arbitres lors d'un match joué contre Estrela da Amadora en 2004[150].

En janvier 2007, Carolina Salgado, l'ex-maîtresse de Pinto da Costa, balance tout devant les enquêteurs en affirmant qu'à sa connaissance, son ancien amant a acheté au moins trois matchs. Elle raconte aussi comment il parlait des prostituées en termes codés : « fruit » et « café au lait » étant parmi les plus usités. L'esprit de vengeance chevillé au corps, elle signera également une autobiographie *Moi, Carolina*[151] relatant le plus gros scandale de l'histoire du football portugais. Un ouvrage qui fera par la suite l'objet d'une adaptation au cinéma.

Mais, dans le foot, la réalité dépasse souvent la fiction.

---

150. Le match, joué le 24 janvier 2004, avait été gagné 2-0 par le FC Porto.
151. En version originale : *Eu, Carolina*, Dom Quixote, 2006.

L'ANGLETERRE DE TOUS LES SCANDALES

« Pourquoi les footballeurs anglais apparaissent de plus en plus souvent comme des violeurs [...] Comment réformer tout cela ? Ce n'est pas facile d'expliquer à des adolescents immatures qui gagnent des dizaines de milliers de livres sterling par semaine comment bien se comporter entre les matchs. »
The Guardian du 12 mars 2004.

1

LES BECKHAM, SPLENDEUR ET DÉCADENCE

Baden-Baden. Juin 2006. Comme chaque après-midi, le « gang des chipies » a décidé de mettre à sac la paisible station thermale nichée dans la vallée de l'Oos, au pied de la Forêt noire. C'est ici, dans le sud-ouest de l'Allemagne que leurs footballeurs de maris ont élu domicile pour la durée de la Coupe du Monde. Pas vraiment un cadeau. Baden-Baden, refuge pour retraités bedonnants, n'a rien du quartier chic de Mayfair, leur terrain de chasse londonien, où elles se livrent à leur occupation principale : le shopping. Faisant contre mauvaise fortune bon cœur, Victoria, Coleen, Melanie, Chery et Nancy, respectivement compagnes de David Beckham, Wayne Rooney, Théo Walcott, Ashley Cole et du sélectionneur Sven-Goran Eriksson, réussissent, ce jour-là, un exploit hors du commun : dépenser

80 000 euros en moins d'une heure. Prix spécial à la petite amie de Wayne Rooney qui, en dix minutes, se délestera de 6 000 euros dans l'achat d'une quarantaine de paires de lunettes de soleil sans même prendre le temps de les essayer.

PROFESSION : FEMME DE FOOTBALLEUR

Femme de footballeur est un job à plein temps. Il faut dépenser plus pour briller plus. Pas question de se faire doubler par la copine qui dénichera avant tout le monde le dernier tailleur à la mode. Les WAGS (« *Wives and Girlfriends* ») comme on les appelle outre-Manche, sont désormais aussi célèbres que leurs maris. Flanquées d'une escouade d'attachés de presse, de coachs en tout genre et de coiffeurs personnels, elles nourrissent toutes l'ambition de détrôner la « *first lady* » : la très épicée Victoria Posh[152] Beckham. Un challenge difficile. La fortune estimée de son mari flirte avec les 300 millions d'euros. De quoi combler tous ses

152. « La snob ».

caprices. Le 18 avril 2005, au lendemain de son trentième anniversaire, le meneur de jeu anglais lui offre un voyage surprise à Paris. En une journée, entre le jet privé, les bijoux Place Vendôme et le Ritz, il flambe pas moins de 529 600 euros pour satisfaire les besoins de sa Spice Girl.

Dès 1997, année de leur rencontre, le couple propulse le football dans l'ère du *people*. Leur histoire va largement inspirer Maureen Chadwick et Ann McManus, les créatrices de la série télé britannique « *Footballers Wives*[153] ».

Andrew Morton, auteur de *Posh & Becks*[154], une biographie non autorisée sur le couple, explique :

« Comme des bohémiens de la célébrité, les Beckham ont posé leur caravane sur le terrain affectif jadis occupé par la princesse Diana. »

Leur demeure familiale, un magnifique château dans la campagne anglaise, est d'ailleurs surnommée « Beckingham Palace ». Pour qualifier le phénomène qui s'empare du couple, les journalistes parlent d'une

153. « Femmes de footballeurs ».
154. Éditions Michael O'Mara Books, 2000.

nouvelle ère Victorienne, en référence au prénom de la Spice Girl.

Une situation qui, à l'époque, ne déplaît pas au footballeur, qui évolue encore sous le maillot de Manchester United :

« En fait, je trouve plutôt agréable de voir notre couple présenté de la sorte par les médias. J'aime l'idée que les gens voient en nous une famille idéale. Qu'ils sachent que nous sommes amoureux. Qu'ils aiment ce que nous accomplissons. Victoria est appréciée comme artiste, moi comme footballeur. Et, tous les deux, nous avons une réelle admiration mutuelle. »

Conseillé un long moment par l'agence de management sportif, SFX Sport Group, qui gère aussi les intérêts de Steven Gerrard et Michael Owen, le couple orchestre à la perfection sa communication. Victoria ne déteste pas jouer la partition de la provocation. En 1999, elle s'épanche dans la presse en confessant que « David lui fait l'amour comme une bête ».

En 2002, lors d'une tournée promotionnelle en France, elle lâche en pleine conférence de presse :

« David préfère la mettre au fond avec moi plutôt qu'avec Manchester United. »

Encore plus poétique, elle précise :

« La taille du pénis de mon mari est comparable au pot d'échappement d'un tracteur. »

Des sorties qui ont le don de mettre en pelote les nerfs de Sir Alex Fergusson[155]. Le manager de ManU a toujours vu d'un mauvais œil son union avec la Posh, considérant que le monde du *show-biz* le pervertissait et le détournait des choses du football :

« Je ne sais pas comment il peut vivre avec toute cette attention braquée sur lui en permanence. Il devrait moins se montrer. »

Le souhaite-t-il seulement ? Le couple Beckham est devenu une formidable machine à fabriquer de l'argent. Une interview pour la presse people se négocie autour de 700 000 euros. Des photos exclusives peuvent atteindre la somme de 1,5 millions d'euros, tandis que les droits pour leur autobiographie s'arrachent à 3 millions d'euros.

155. En 2003, suite à une élimination en Cup face à Arsenal, imputée à son milieu de terrain vedette, Alex Ferguson lance une chaussure de foot sur David Beckham, dont l'arcade sourcilière se met à pisser le sang.

Dans un accès d'honnêteté, David Beckham avoue en 2003 :

« Nous sommes suffisamment lucides pour admettre que si l'on se retrouve aujourd'hui autant sous les projecteurs, c'est que, quelque part, on l'a cherché. On s'est mis dans cette position. À nous d'assumer les bons et les mauvais côtés de la situation[156]. »

DANS L'ŒIL DU CYCLONE

Pour le capitaine de l'équipe d'Angleterre, les ennuis commencent à son arrivée, en juin 2003, au Real Madrid qui l'acquiert pour 37,5 millions d'euros. Ici, le « Becks » pense qu'il ne sera qu'une star parmi les autres étoiles comme Zidane, Ronaldo, Figo, Raul ou Roberto Carlos. Erreur. Installé dans une suite du Santo Mauro, le palace ultra-chic situé au centre de Madrid, le « *spice boy* » vit comme une bête traquée. Les paparazzis du monde entier se relaient jour et nuit pour suivre les pérégrinations de la star anglaise qui s'est attaché les

156. *VSD* du 10 avril 2003.

services de six gardes du corps. Des Cubains à la mine patibulaire qui n'hésitent pas à faire le coup de poing avec les photographes trop curieux.

Les premiers pas de David Beckham à Madrid sont marqués par le sceau de la nervosité. Sur le terrain, le joueur éprouve toutes les difficultés à trouver sa place parmi les Galactiques. Côté vie privée, le milieu de terrain traverse aussi une mauvaise passe. Victoria, qui tente de relancer une carrière musicale moribonde, ne souhaite pas s'installer en Espagne où sa notoriété n'atteint pas celle qu'elle a connue en Angleterre. Leur fils aîné, Brooklyn, n'intègre pas comme prévu l'école britannique de Madrid. Afin de pouvoir rejoindre son mari chaque week-end, elle lui fait acheter un Golfstream à 10 millions. Les journaux ibériques, à l'affût de la moindre info, ont calculé que durant ses trois premiers mois dans la capitale, David Beckham avait passé pas moins de soixante jours sans sa femme.

Pour oublier sa solitude, le joueur anglais aime vagabonder dans le quartier de la Chueca, le lieu de prédilection de la communauté gay.

Durant cette première période madrilène, le milieu de terrain peut aussi compter sur le soutien de Rebecca Loos. Cette employée de SFX Group est alors détachée de l'agence pour s'occuper exclusivement de David Beckham, une sorte de secrétaire particulière chargée de veiller à la paperasse et aux petits soucis quotidiens.

Belle brune aux cheveux ondulés et au sourire enjôleur, cette jeune femme de 26 ans, fille d'un diplomate néerlandais et d'une mère anglaise, ne laisse pas indifférente la star anglaise.

Le 18 septembre 2003, David et Rebecca, accompagnés de quatre autres employés de SFX dînent au Thaï Gardens de la Calle Jorge Juan. Les convives enchaînent les verres de Law Kaow, le saké thaïlandais. La température monte d'un cran. Pris d'une fièvre d'adolescent, le groupe décide de jouer à « action, vérité ». David Beckham lance un défi à Rebecca Loos : elle doit se rendre aux toilettes et en ressortir avec du papier hygiénique collé à son pantalon. Pas coincée pour un sou, la secrétaire s'exécute. Une hardiesse qui envoûte le « Becks ». Un des employés de SFX a compris le petit manège entre David et sa secrétaire. Il décide de mettre

Victoria au parfum. La Spice Girl décroche son téléphone, et assaisonne sans ménagement l'effrontée :

« *It is not your job to go out clubbing with my husband, so back off !*[157] » Quelques jours plus tard, David Beckham annonce brutalement la fin de sa collaboration avec l'agence SFX, alors qu'il lui restait deux années de contrat à honorer.

Dans le milieu sportif, Rebecca Loos s'est déjà forgé une solide réputation de séductrice. Lucy, une amie de Victoria, femme du joueur de tennis britannique Greg Rusedski, lui avait d'ailleurs conseillé de se méfier de la belle brune qui, un an plus tôt, avait circonvenu son mari. N'écoutant que son cœur, l'assistante de Beckham, méprisant les menaces victoriennes, se jette dans les bras de son patron. Les révélations sur son idylle avec la star anglaise font l'effet d'une bombe en Angleterre. Conseillée par Max Clifford, un redoutable marchand de scoops qui a débuté sa carrière comme conseiller en communication des Beatles, Rebecca Loos réussit à vendre son témoignage à l'hebdoma-

157. « Ce n'est pas ton boulot de sortir en boîte avec mon mari, alors dégage ! »

daire *News of The World* pour 607 000 euros. Le 4 avril 2004, le magazine, tout en subtilité et en retenue, titre en couverture : « J'ai couché avec David Beckham. » À l'intérieur du journal, sept pages détaillent les trois mois d'amour vécus avec l'icône du royaume d'Angleterre. Extraits :

« J'ai eu tort d'avoir fait ce que j'ai fait, mais c'est arrivé, et je ne vais pas vivre avec un mensonge sur le cœur pendant tout le reste de ma vie. À son arrivée à Madrid, il était incroyablement solitaire. Il souffrait, car sa famille lui manquait vraiment. Il était dans un pays étranger, dont il ne parlait pas la langue. Il arrivait dans une nouvelle équipe. Il ne connaissait pas ses partenaires du Real Madrid et ne pouvait pas communiquer avec eux parce qu'il ne parlait pas espagnol. J'avais l'impression que je l'aidais, que j'étais là pour lui et que je lui donnais ce dont il avait besoin et ce qui lui manquait d'une certaine façon. »

Et de conclure, un tantinet nostalgique :

« David était un amant généreux qui savait comment satisfaire les femmes. C'était vraiment une expérience hallucinante. »

Soucieux du moindre détail, le rédacteur en chef a décidé d'illustrer les propos de la maîtresse en reproduisant plusieurs textos échangés avec le footballeur le plus célèbre de la planète. Tout un poème : « Rappelle-toi la dernière fois quand ta langue courait sur moi. » Ou encore le très prometteur : « Je veux t'entendre grogner et miauler. »

Deux semaines plus tard, la secrétaire récidive. Cette fois, c'est la chaîne du satellite Sky One qui recueille ses confessions pour 300 000 euros. Avec plus de deux millions de téléspectateurs, l'émission diffusée en *prime time* bat tous ses records d'audience.

L'effet est désastreux pour le couple Beckham. Sans trop de conviction, le milieu offensif dément les affirmations de son ancienne assistante :

« J'ai une femme formidable. Cette accusation est risible. »

La réplique un brin faiblarde ne convainc pas le grand public. Les Beckham décident de contre-attaquer en proposant à Jason Fraser, le pape des paparazzis anglais, de les shooter « inopinément » main dans la main à l'occasion d'un séjour à Courchevel. La ficelle est trop grosse. Le couple tangue.

LA CHUTE D'UN GALACTIQUE

Pis, un vrai déluge de révélations croustillantes continue de s'abattre sur eux. Les offensives viennent de partout. Il ne se passe plus un jour sans que les tabloïds dénichent une nouvelle maîtresse. Le *Sun* publie en Une[158] la photo dénudée de Sarah Marbeck en titrant « La Poupée du Becks à poil ». Ce mannequin de 29 ans d'origine malaisienne et vivant en Australie prétend qu'elle a eu un premier rapport sexuel avec lui, en juillet 2001, lors d'une tournée de Manchester United à Singapour. À l'époque, elle travaillait pour Boardroom Escorts, une agence d'escortes basée à Sydney :

« Nous avons fait l'amour quatre heures après notre rencontre. C'était le coup d'envoi de deux années de SMS et de passion. »

158. Édition du 13 avril 2004.

Pour étayer son témoignage, Sarah Marbeck explique la manière dont ils codaient leurs messages en se nommant « Peter Pan » et « Clochette », le rôle de la méchante « Wendy » revenant, sans surprise, à Victoria.

Le dimanche 25 avril 2004, le fameux Classico, opposant le Real Madrid au FC Barcelone, est le théâtre d'une scène surréaliste. Lors de l'échauffement, les 80 000 spectateurs du stade Santiago Bernabeu découvrent, hilares, sur l'écran géant, une publicité du magazine *Interviu* avec ce titre de couverture :

« Sarah Marbeck : l'aventure malaisienne de Beckham ! »

Victoria, présente ce jour-là dans les tribunes, s'étrangle de rage. Les dirigeants du Real se confondent en excuses auprès du couple, arguant qu'ils ignoraient les contenus des messages de leurs annonceurs. Trop tard. Le tourbillon continue de plus belle. Les frasques du numéro 23 de Madrid relèguent même au second plan la guerre en Irak où un gros bataillon de soldats britanniques est engagé.

Le *Sunday Mirror* suit le mouvement en révélant que le célèbre top model Esther Cañadas a, elle aussi, partagé le lit du joueur dans sa suite du Santo Mauro et qu'elle a dû, un jour, quitter précipitamment la chambre en raison de l'arrivée impromptue de Victoria à Madrid.

2004 est décidément une *anus horribilis* pour les Beckham. En octobre, Daniella Heath, une esthéticienne anglaise aux magnifiques taches de rousseur, soutient que David Beckham a fait appel à ses services pour des massages érotiques. Son affirmation s'appuie sur un billet doux signé de la main du joueur où l'on peut lire :

« Merci pour la séance de bronzage et d'être passée. À la prochaine fois. »

Mieux encore, elle prétend que le sexe du joueur mesure 8 pouces[159], une confidence qui corrobore, en tout cas, les propos laudateurs tenus plus haut par Victoria Beckham.

Comme si tout cela ne suffisait pas, Delfin Fernandez, un des sicaires cubains du joueur madrilène, autrefois espion pour les services secrets de Fidel Castro, sous le

159. 20,32 cm.

nom de code d'« agent Otto », exige 750 000 euros pour vendre des infos personnelles sur son ancien patron.

Dans un entretien accordé à Erik Bielderman, journaliste à *L'Équipe Magazine*, Beckham ne cache plus son désarroi :

« Victoria et moi, si on veut être tranquilles, on n'a pas le choix, il faut rester à la maison, fermer les portes, tirer les rideaux et dîner tranquillement en famille, c'est le seul moyen de ne pas retrouver notre menu à la une des journaux du lendemain. Ma vie privée est inexistante. Ma femme et moi, on est habitués, mais ce qui nous met en colère, c'est qu'ils s'en prennent aux enfants et les harcèlent[160]. »

Une saignée médiatique qui provoque aussi des remous au sein de l'équipe madrilène, comme le confesse Enrique Sobrino, alors candidat à la succession de Florentino Perez pour le poste de président du Real Madrid :

« Le vestiaire du Real Madrid a énormément souffert du scandale Beckham qui y a créé une ambiance

160. Édition du 14 février 2004.

malsaine. Depuis, les résultats n'ont cessé de se dégrader[161]. »

Pis, l'équipe des Galactiques, qualifiée d'imbattable au début de saison, termine à une piteuse quatrième place à l'issue de la saison 2003/2004. Moqué par les journalistes sportifs, harcelé par la presse *people*, le joueur anglais songe alors à faire ses valises et à retourner en Angleterre, où Chelsea lui fait des appels du pied.

Mais un brutal changement de club après une année seulement passée au Real Madrid serait un aveu d'échec. Plus grave, un transfert pourrait réduire à néant la stratégie commerciale de ses nombreux sponsors (Vodafone, Pepsi, Adidas, Marks and Spencer...) qui ont tant misé sur le passage de la star anglaise chez les Merengue. Et puis le maillot numéro 23 s'arrache à travers le monde et rapporte chaque année au club près de 100 millions d'euros. Des arguments de taille...

En plein cœur de la crise, les nombreux sponsors qui assurent à la star la coquette somme de 19 millions de revenus par an font donc bloc derrière lui. Ben Wells,

161. *L'Équipe* du 28 mai 2004.

consultant chez Redmandarin, une société spécialisée dans le marketing sportif, explique :

« Il est le gars que tous les hommes rêvent d'être et qui séduit toutes les femmes. Au contraire du dopage, l'adultère ne fait pas partie des raisons pour lesquelles un groupe lâche un sportif[162]. »

En 2007, après quatre saisons sans grand relief à Madrid, le *golden boy*, devenu davantage un produit qu'un joueur de football, migre vers les États-Unis. L'équipe du Los Angeles Galaxy lui offre un pont d'or avec un salaire de 150 000 euros par jour ! Une retraite dorée pour celui qui vient de souffler ses trente-deux bougies. En septembre, Rebecca Loos annonce à grand renfort de publicité qu'elle rejoint à son tour Hollywood. Non pas pour y retrouver le beau David, mais pour tenter d'y faire carrière[163]. Vacharde, elle lâche :

« Il y a un paquet de jolies filles ici. Je ne sais pas si David va devenir un bon petit garçon. »

---

162. Dépêche AFP du 14 avril 2004.
163. En mars 2008, elle a sorti, en tant que chanteuse, un single à clé, intitulé *Your Boyfriend*, où elle fait référence à sa relation avec Beckham.

Pas de quoi troubler la quiétude du Becks. Ses frasques, ses adultères réels ou supposés n'ont pas réussi à écorner son image d'icône « métrosexuel ». Il est à lui seul un eldorado publicitaire. Il se sait intouchable.

2

BIENVENUE EN ENFER

En 2004, la vie amoureuse du Suédois Sven-Göran Eriksson, alors sélectionneur de l'équipe d'Angleterre, fait la Une de tous les journaux anglais. Elle inspire même une pièce de théâtre, « *A play in swedish, english and italien*[164] », écrite par le Britannique Nick Grosso. Une œuvre destinée à décrypter la façon dont les célébrités et la presse à scandale tirent un profit mutuel de leur existence. La pièce revient largement sur l'épisode de sa liaison adultérine avec Faria Alam, une secrétaire de la Fédération anglaise. D'abord démentie, l'information avait été ensuite reconnue par la Fédération anglaise, et avait failli coûter sa place à l'entraîneur suédois.

164. « Un jeu en suédois, anglais et italien. »

Ne manquant pas d'humour, Eriksson, désormais manager de Manchester City, a aujourd'hui le recul nécessaire pour accepter les règles du jeu[165] :

« La première fois où cela m'est arrivé, il y avait un rassemblement de la sélection, et j'ai dit aux joueurs : "Désolé de ce que vous avez lu dans les journaux sur ma vie privée." Ils ont tous éclaté de rire et m'ont répondu : "Bienvenue en Angleterre". »

DES PRATIQUES DÉGRADANTES

Les Anglais, gros consommateurs de presse, se pourlèchent les babines de ces histoires qui n'ont rien à envier au pire du théâtre de Boulevard. Piers Morgan, ancien patron de *News of the world* et du *Daily Mirror*, en convient aisément : « Au hit parade, les vedettes du football ont détrôné les membres de la famille royale, les présentateurs télé ou les rocks stars. Aujourd'hui, seuls les sportifs font vendre les journaux. »

Mais, trop souvent, les joueurs anglais imbibés de « *lad culture*[166] » s'échouent dans la rubrique « faits

165. *L'Équipe* du 28 mai 2004.
166. Beuveries entre amis, le plus souvent dans les pubs.

divers ». La fameuse devise « *Win or lose, but have a booze*[167] » est le terreau de tous les dérapages. Depuis plusieurs années, un flot ininterrompu de scandales est venu polluer l'image des footballeurs, à côté des desquels George Best – icône de Manchester United des années soixante à la célèbre formule : « J'ai dépensé ma vie dans l'alcool et les femmes, pour le reste, j'ai perdu mon temps. » – fait figure de premier communiant.

En avril 2004, Lee Chapman, ancien coéquipier d'Éric Cantona à Leeds United, est interpellé par la police. Il est soupçonné d'avoir frappé sa femme, Leslie Ash. L'actrice anglaise souffre alors d'une côte brisée et d'un hématome au poumon. Devant les enquêteurs, les époux visiblement réconciliés, affirment que Leslie est tombée sur un coin de la table, lors d'une nuit agitée, pendant laquelle l'ancien buteur a consommé trop de Viagra ! La justice classe l'affaire même si Lee Chapman est, en la matière, un récidiviste[168].

167. « Que tu gagnes ou perdes, bois un coup. »
168. En 1997, Leslie Ash avait porté plainte contre son mari pour « violence et harcèlement » avant de la retirer, Lee Chapman ayant accepté de suivre une thérapie.

Stan Collymore, ancienne gloire de Liverpool, Aston Villa et Nottingham Forrest, affiche, lui aussi, un sérieux pedigree. En mai 2004, il passe par la case prison pour « menaces de mort » sur son épouse Estelle, dont il a détruit la Mini Cooper à mains nues. En 1998, en pleine Coupe du Monde, il avait tabassé sa petite amie de l'époque, Ulrika Jonsson, dans un bar irlandais de Paris.

Plus connu, Wayne Rooney, l'attaquant de Manchester United, fait également les choux gras de la presse anglaise. Le partenaire de Beckham en équipe d'Angleterre aurait sans doute aimé bénéficier de la même mansuétude de la part de ses sponsors. Lié à plusieurs marques qui se sont battues à coup de millions pour s'offrir ses services, l'espoir du foot anglais se fait sérieusement remonter les bretelles par la firme Coca-Cola quand la société d'Atlanta découvre la vie tumultueuse de son protégé. Un porte-parole ira même jusqu'à le tancer devant la presse du monde entier :

« Les révélations sur sa vie privée sont en contradiction avec les valeurs véhiculées par Coca-Cola, mais nous savons qu'il regrette ses erreurs. »

Et de poursuivre, faussement magnanime :

« Wayne est un homme talentueux, et tout le monde a droit à une seconde chance. »

Quelques jours après l'Euro 2004 au Portugal, le prodige d'Everton, qui vient alors de signer pour Manchester United, avoue publiquement qu'il s'est offert, deux ans auparavant, les services d'une call-girl prénommée Charlotte. Une simple erreur de jeunesse que le gamin de 19 ans semble regretter amèrement. Une incartade, jure-il, la main sur le cœur, qui ne se reproduira plus. Devant une telle contrition, Coleen McLoughin accepte de passer l'éponge. La fiancée du buteur a même récupéré la bague de fiançailles dont elle s'était sauvagement débarrassée.

Mais patatras ! Alléché par l'odeur du scandale, le *Sun* décide de mener l'enquête. Stupeur. Le garnement est un client régulier des prostituées. Les fins limiers du tabloïd anglais ne tardent pas à les retrouver. Il y a d'abord Trisha, 48 printemps et 10 enfants. Pour 67 euros de l'heure, elle enfile sa combinaison en latex, façon Catwoman, pour jouer au chat et à la souris avec le petit Rooney. Morgan, Amy et Gina, qui affichent chacune plus de 40 ans au compteur, complètent le tableau.

Encore une fois, la belle Coleen feindra la colère et retournera vivre un temps chez ses parents en oubliant son chagrin à l'aide d'antidépresseurs. Encore une fois, Coleen pardonnera au fougueux buteur. De ce côté-ci de la Manche, les histoires de cœur des footballeurs prennent souvent des allures de *soap-opéra.*

Contrairement à leurs collègues brésiliens qui ont un comportement sexuel plutôt festif, les joueurs anglais sombrent, de plus en plus fréquemment, dans les profondeurs les plus glauques de leurs pulsions.

Ils ont inventé le « *roasting* » (« le rôtissage ») pour qualifier la façon dont ils partagent la même fille à plusieurs. Une expression aux relents nauséabonds qu'ils ont déclinée en « *spitroasting* » (« le rôtissage à la broche ») pour désigner les relations à trois.

La scène se déroule au petit matin du 27 septembre 2003 dans la chambre 316 du Grosvenor House Hotel, le palace le plus onéreux de Londres, très fréquenté par les joueurs britanniques. Ce soir-là, Nicholas Meikle, 29 ans, et son ami Jason Edwards, un ingénieur de 27 ans, y organisent une fête en l'honneur de leurs copains footballeurs. Une jeune fille portant une courte jupe noire en mousseline qui laisse deviner d'affriolants dessous attire soudain l'assistance déjà bien éméchée. Nicholas Meikle est le premier à réagir. Il l'invite à le suivre dans l'une des chambres qu'il a réservées. Elle accepte d'avoir avec l'apprenti *play-boy* un rapport sexuel protégé. Meikle racontera la scène aux policiers qui le placeront en garde-à-vue quelques jours plus tard[169] :

« La jeune fille semblait avoir 21 ou 22 ans, elle était allumée mais pas saoule. » L'adolescente, qui suit des études dans une école catholique, n'a pas vingt ans. Son passeport est formel : elle vient à peine de fêter son dix-septième anniversaire !

Le lendemain, elle porte plainte pour viol. Selon elle, sept autres hommes dont Titus Bramble, défenseur de Newcastle, et Carlton Cole, attaquant de Chelsea, ont fait irruption dans la chambre pour abuser d'elle. Devant les policiers, Nicholas Meikle n'a pas la même

169. Nicholas Meikle vendra ses confessions au journal *News of the World*, qui les publiera le 5 octobre 2003.

version des faits : « Personne ne l'a forcée, elle nous a fait des fellations. »

Durant sa garde-à-vue, il raconte par le menu les mœurs sexuelles de ses amis footballeurs. Édifiant :

« Nous rôtissons les filles comme un poulet. Entre nous, on dit que l'on se la farcit. C'est ainsi que l'expression est née. Ce n'est pas rare qu'une fille accepte de coucher avec tout un groupe. Elles connaissent d'ailleurs les règles du jeu. Aujourd'hui, les joueurs sont plus importants que les *pop stars*. En boîte, il suffit qu'ils claquent les doigts, et toute une ribambelle de nanas arrivent en courant, heureuses de pouvoir s'installer dans le carré VIP. Beaucoup de joueurs que je connais trouvent normal de partager la même femme. Surtout les plus jeunes. Cette année, cela m'est arrivé une dizaine de fois, mais c'est bien la première fois que je suis confronté à la police pour ce genre d'histoires. »

Faute de preuves, l'enquête menée par Scotland Yard aboutit à un non-lieu. Les joueurs mis en cause reconnaîtront simplement avoir partagé la jeune fille avec son consentement.

UNE AFFAIRE D'ÉTAT

Reste que ces pratiques horrifient le royaume d'Angleterre. La même semaine, Jody Morris, jeune espoir de Leeds, est arrêté à l'issue de l'entraînement et inculpé de viol sur une jeune femme de 20 ans[170].

Le Français Robert Pires, alors à Arsenal, est alors l'un des rares à oser s'exprimer sur le sujet. En stage à Clairefontaine, le milieu de terrain des Bleus ne cache pas son inquiétude :

« L'ambiance est très tendue. Pour nous les joueurs, c'est dur, ça fait très mal. Tout le monde ne parle que de cela en Angleterre. On mélange le football avec des viols. Mais la presse aime cela. Elle se lâche sur les gros titres. »

Mais la presse de caniveau n'est pas la seule à relayer ces scandales. Le *Guardian*, quotidien de référence en Angleterre, tire la sonnette d'alarme dans un éditorial titré « Le vilain sport[171] » :

---

170. Bien qu'il ait été blanchi par la justice, son club décidera de résilier son contrat. Il évolue aujourd'hui sous les couleurs du St. Johnstone Football Club, modeste équipe du championnat écossais

171. « *The Ugly Game* ». Édition du 12 mars 2004.

« Pourquoi les footballeurs anglais apparaissent de plus en plus souvent comme des violeurs [...] Comment réformer tout cela ? Ce n'est pas facile d'expliquer à des adolescents immatures qui gagnent des dizaines de milliers de livres sterling par semaine comment bien se comporter entre les matchs. »

Ces faits-divers virent à l'affaire d'État. Au 10 Downing Street, le Premier Ministre Tony Blair, grand amateur de ballon rond, promet de mettre en place une instance de régulation du football[172]. Dans les clubs, les psychologues tentent une approche pédagogique, comme le racontera dans le *JDD*[173], le Français Franck Queudrue, alors défenseur à Middlesbrough :

« Le psychologue nous a dit de faire attention à nos fréquentations. Il a répété qu'un écart pouvait ruiner notre couple, pour ceux qui sont mariés, mais également ruiner notre carrière. »

Une démarche louable, mais bien peu fructueuse. Quelques mois plus tard, le football anglais s'offre un énième scandale.

172. Le projet ne verra jamais le jour.
173. Édition du 19 octobre 2003.

Dimanche 1er mars 2004, Leicester City qui évolue en Premier League, termine son stage d'hiver du côté de Carthagène au sud-est de l'Espagne. Une mise au vert d'une semaine censée ressouder un groupe avant-dernier du championnat anglais. Ce jour-là, au Spikes Bar de l'hôtel Hyatt de La Manga, Jordan Stewart, international Espoirs anglais, fête avec deux jours d'avance son vingt-deuxième anniversaire. Trois beautés noires traînent au bar, accoudées au comptoir. Micky Adams, d'une nature méfiante, prévient ses joueurs :

– N'approchez pas ces filles, c'est un nid à emmerdes.

– Ok coach, pas de problème coach, bonne nuit coach, lui répondent en chœur ses joueurs, déjà bien attaqués par le champagne Louis Roederer Cristal à 300 euros la bouteille.

Sitôt ses talons tournés, certains joueurs osent une danse endiablée avec les créatures. Steffen Freund, grand gaillard aux cheveux blonds comme les blés, déploie son plus beau déhanché. Ce qui provoque l'hilarité de la Kenyane Martha Wilbert. Œillades, messes basses et baisers langoureux. En deux temps, trois mouvements, Steffen et Martha rejoignent le troisième étage de l'hôtel Hyatt. Cette dernière en redescend une heure plus tard pour y retrouver ses copines Ruth Lourenco et Béatrice Wanjiro. Il est 3h30 du matin et l'ambiance tourne au vinaigre. Dans un couloir du palace, une violente altercation oppose les jeunes femmes à huit joueurs. Parmi eux, trois sont particulièrement remontés : Keith Gillespie, Franck Sinclair et Paul Dickov. Martha lâche alors à ce dernier : « T'es petit, donc tu dois avoir une petite bite. »

À partir de cet instant, tout dégénère. C'est en tout cas la version livrée à la police, deux jours plus tard, par les trois filles qui ont décidé de porter plainte. Les joueurs auraient forcé la porte de la chambre 301 pour les agresser sexuellement. Des médecins ont décelé des marques sur plusieurs parties de leurs corps. Comme pièce à conviction, elles remettent aux enquêteurs une gourmette en or perdue par l'un des agresseurs.

Interrogés à leur tour, les footballeurs de Leicester nient. Seul Steffen Freund reconnaît avoir eu une relation librement consentie avec Martha Wilbert. Il repart libre. Gillespie, Sinclair et Dickov, eux, sont placés en détention. Ils sont libérés une semaine plus tard contre une caution de 300 000 euros. Les tabloïds mènent des investigations tous azimuts et découvrent que les trois filles ont fait partie naguère d'un vaste réseau de prostitution internationale. Une information qui semble refroidir la justice espagnole qui préfère classer l'affaire. Plus pénalisant encore pour elles : sollicitées par les médias anglais à peine 48 heures après la présumée agression, les trois copines ont vendu en exclusivité leur témoignage pour 150 000 euros. Et encore une fois, c'est *New of the World* qui a remporté le marché. Des arguments en or massif pour les avocats de la défense, qui ont ainsi beau jeu d'invoquer les pièges tendus à leurs clients footballeurs. Des jeunes joueurs qui n'ont péché, selon eux, que par pure naïveté.

SEXE, MENSONGE ET CRISTIANO

Si la théorie systématique du complot a bon dos, il n'en demeure pas moins que le phénomène du « *Kiss and Tell* » (« Je t'embrasse, et ensuite j'appelle les rédactions les plus *trash* pour raconter mon histoire ») est un business florissant en Angleterre. Cristiano Ronaldo, le génial attaquant de Manchester United, bourreau des Lyonnais en huitièmes de finale de la Ligue des Champions, en sait quelque chose.

Le 2 septembre 2007, Juliana Baltrusch, une prostituée brésilienne âgée de 24 ans, blonde platine aux sourcils ébène, se répand dans le *Sunday Mirror* dès le lendemain de sa nuit torride. Juliana y raconte comment, avec ses quatre copines – Hollie, Yasmina, Taylor et Hannah, travaillant toutes pour McKenzies, une agence d'*escort* très réputée outre-Manche –, elle a su séduire l'international portugais qui tenait à célébrer son premier *hat-trick* de la saison. Une vraie orgie monnayée 5 000 euros et organisée dans le manoir de Ronaldo, situé en plein cœur du Cheshire. Par souci d'intégration, le beau Portugais, a eu la bonté d'âme de convier ses copains : le Brésilien Anderson et le Portugais Nani, les deux nouvelles recrues des Reds. Payée 100 000 euros pour ce témoignage savoureux, Juliana Baltrusch n'omet aucun détail. Extraits interdits aux moins de 18 ans :

« J'ai reçu un coup de téléphone vers 18 heures. On m'a seulement dit qu'il s'agissait d'une personnalité très importante. Nous avons été conduites en voiture de Leeds à Manchester. Là-bas, nous avons changé de voiture. Nous étions très excitées et nous rigolions comme des bécasses parce que l'on nous disait qu'il s'agissait d'une opération secrète. Nous sommes arrivées vers minuit devant un énorme manoir. Je n'avais jamais rien vu de pareil. J'ai tout de suite compris que cela allait être un bon boulot. J'ai d'emblée été impressionnée par les deux escaliers monumentaux qui menaient à une multitude de chambres. Le majordome nous a montré le salon et là, j'ai cru tomber à la renverse quand j'ai vu Ronaldo, Nani et Anderson assis sur l'énorme sofa en train d'écouter du R&B. Ils étaient tous les trois habillés en jean et en tee-shirt. Ils portaient leur diamant à l'oreille et exhibaient fièrement leur chaîne et leur montre en or. Je connaissais bien Ronaldo parce qu'il m'avait tapé dans l'œil lors de la Coupe du Monde en Allemagne. Je m'étais dit qu'avec lui, je ferais l'amour gratuitement. Il nous a mises tout de suite à l'aise en nous proposant à boire. Ronaldo s'est adressé en portugais à ses copains : “Eh, les mecs, vous avez vu, elles ont toutes de sacrés beaux nichons !” Il nous a regardées solennellement en nous demandant de garder le secret le plus absolu. “Si notre boss (Sir Alex Ferguson) sait cela, il va être fou de rage.”

Il a augmenté le volume de la chaîne stéréo et nous nous sommes tous mis à danser. Ronaldo a un corps incroyable. Toutes les filles voulaient danser avec lui. En se marrant, il a dit à ses coéquipiers : “Regardez les mecs, elles sont déjà amoureuses de moi.” Il m'a fait un clin d'œil et j'ai commencé à danser avec lui. Mes mains parcouraient tout son corps, j'étais au paradis et lui commençait à être vraiment chaud. Yasmina et Hollie se frottaient langoureusement sur les trois joueurs. Ensuite, nous sommes allés nous baigner dans la magnifique piscine intérieure éclairée 24 heures sur 24. J'étais dans un état d'excitation extrême. Nous sommes montés dans la chambre et sans faire exprès, j'ai marché sur Ronaldo qui était allongé nu à côté de Hannah. J'ai pensé : “Oh mon dieu, que cet homme est bien monté !” Mes copines et moi hurlions de plaisir. Ronaldo a demandé que l'on fasse moins de bruit, car il avait peur que ses voisins ne se plaignent.

Hannah ne voulait pas partager Ronaldo, elle voulait qu'il lui fasse l'amour une nouvelle fois. Ronaldo, lui, voulait goûter à toutes les filles. Je n'ai jamais pris autant de plaisir au travail. En guise de cadeau, je lui ai laissé ma culotte. »

Pas de chance pour Ronaldo qui, le même jour, dans un entretien à *Hello ! Magazine*, tentait de séduire le grand public en se présentant comme un paradigme de vertu :

« Beaucoup de gens ont cette image des footballeurs qui veut qu'ils sortent tout le temps, qu'ils dépensent leur argent à tort et à travers et côtoient des filles sans arrêt. C'est difficile d'échapper à ce cliché, et de faire face à la pression en étant un footballeur célèbre, et tout ce que cela génère publiquement peut être très difficile. La vie d'un footballeur n'est pas toujours rose. Certes, on touche des millions, on est adulés, mais dans ce monde, on se sent parfois seuls, et d'autres fois on a l'impression de ne plus être à l'abri de rien. Je pense sincèrement qu'en partant de ce principe-là, je suis un bon exemple. J'ai mes moments romantiques, et je suis sensible. Pour moi ce qui importe c'est la bonne compagnie. »

Et de poursuivre, dégoulinant de bons sentiments :

« Je suis constamment dans le viseur des journalistes. Je fais donc attention aux filles avec qui je sors. »

Mais parfois son inclination pour ce monde interlope lui vaut de bien plus pénibles désagréments. Le mardi 18 octobre 2005, le crack de ManU est entendu plusieurs heures par la police après un entraînement. Deux jeunes antillaises qu'il a rencontrées dans une boîte londonienne le poursuivent en justice pour viol. Le numéro 7 des Reds les aurait agressées la nuit dans une suite à 2 500 euros de l'hôtel Sanderson. L'affaire crée ce jour-là une flambée médiatique à Carrington, le centre d'entraînement *high-tech* des Mancuniens. Le Portugais Carlos Queiroz, adjoint de Sir Alex Ferguson, visiblement mal à l'aise, tente de circonscrire l'incendie :

« Il n'y a aucune gravité dans cette situation. Cristiano s'est entraîné aujourd'hui normalement, puis, accompagné par un dirigeant de Manchester, il s'est présenté à la police pour témoigner. Il ne s'agit pas de soupçons, mais juste de gens qui déposent une plainte, or celles-ci peuvent être fondées ou non. »

Luis Felipe Scolari, le sélectionneur du Portugal, est plus catégorique. Il s'indigne d'emblée des accusations portées contre son joueur vedette :

« C'est une histoire absurde. Je ne veux pas en dire plus et je préfère garder mon calme, pour ne pas être désobligeant avec les Britanniques. »

Devant les policiers, Ronaldo soutient que les deux jeunes femmes étaient consentantes. La preuve ? Il les a payées avant de passer à l'acte. L'une des filles viendra corroborer le témoignage de l'attaquant de Manchester United. En cette année 2005, il vient grossir la liste des neufs joueurs évoluant en Angleterre accusés d'agressions sexuelles[174]. Faute d'éléments probants, tous ces dossiers seront classés sans suite. Mais l'odeur poisseuse de ces affaires peine à s'évaporer. Les doutes subsistent. Un scandale continue à en chasser un autre.

LES CAUCHEMARS DU PÈRE NOËL

Le 17 décembre 2007, Manchester United est de nouveau au cœur de la polémique. Ce lundi-là, Rio Ferdinand, solide défenseur central au passé sulfureux,

174. En juin 2005, Robin Van Persie, le milieu de terrain d'Arsenal, a dormi 14 jours dans la prison de Rotterdam. L'international hollandais, qui disputait deux matchs de qualification pour la Coupe du Monde, est accusé par une jeune femme de 25 ans. Celle-ci affirme avoir accepté des relations intimes avec la vedette des Gunners, mais pas avec les deux amis du footballeur. En février 2006, la justice hollandaise décide de classer l'affaire. « La conclusion de l'enquête est qu'il n'y a pas de preuves suffisantes que les actes sexuels ont eu lieu sous la contrainte », indique laconiquement le parquet néerlandais.

organise la traditionnelle fête de Noël, la « Christmas Party » comme on dit outre-Manche. La veille, il a reçu la bénédiction de Sir Alex Ferguson. Le manager général a toutefois averti : « Je ne veux pas de problèmes de comportements avec les gars. C'est bien compris ? »

Le capitaine des Reds Devils lui a roucoulé l'habituel refrain :

« Oui, coach, pas de problème, coach. »

Présentée officiellement comme une « Christmas Party » à l'entraîneur écossais, la fête n'est rien d'autre qu'une « *No wives, no girlfriends* » (« Pas de femmes ni de petites amies »). Et pour cause : afin de ressouder les liens au sein de l'équipe, Rio Ferdinand a eu la riche idée d'inviter les cent plus belles filles de la région. Pour mener à bien cette opération, il a demandé 6 000 euros à chacun de ses vingt-cinq coéquipiers. Une belle cagnotte autorisant tous les délires.

Rendez-vous est donné à 13h30 au Casino de la ville. Les joueurs mancuniens ont tous répondu présent, à l'exception de Cristiano Ronaldo qui, la mort dans l'âme, a dû se rendre à Zurich pour y recevoir le troisième prix du joueur FIFA de l'année 2007 remporté par le Brésilien Kaka.

Au 265 Casino de Manchester, les footballeurs dégustent la dinde tout en profitant du spectacle des gogos danseuses et des deux drag-queens qui n'hésitent pas à monter sur la table pour les besoins de leur chorégraphie.

La suite est d'un classicisme déprimant. Les Mancuniens prennent la direction du Old Grapes Pub pour se terminer à la vodka et à la bière. De quoi se donner du courage avant de retrouver le nuage de filles qui les attendent au Great John Street Hotel, où Rio Ferdinand a réservé 30 chambres à 500 euros la nuit. Comme quoi, le défenseur n'avait aucune espèce de doute sur l'issue de la soirée.

Sur les coups de 22 heures, Brian Giggs, Wes Brown et l'inénarrable Wayne Rooney pénètrent les premiers dans le bar du palace, sérieusement entamés par ces dix heures de beuverie.

« Ils nous regardaient comme de la viande, c'était une vraie foire aux bestiaux », raconte une des filles présentes au Great John Hotel.

À 4 heures 30, la nuit mancunienne est troublée par le concert des voitures de police qui déboulent toute sirène hurlante vers le palace. Quelques minutes plus tôt, une jeune femme de 26 ans les a alertés. D'une voix chevrotante, elle a lâché un terrible : « Je viens de me faire violer par un joueur de Manchester. » Dans le collimateur : Jonny Evans, élu un an plus tôt meilleur jeune de Premier League. Le défenseur de 19 ans passe la nuit en prison avant d'être libéré sous caution.

Le lendemain, l'information a déjà fait le tour de la ville. En conférence de presse, Sir Alex Ferguson se refuse à tout commentaire, semblant, dans un premier temps, vouloir protéger ses joueurs. En privé, le manager général, garant de l'image du club, est furieux. Il met les bouchées doubles pour découvrir la vérité et entreprend une enquête interne. Sa conviction est vite faite : « Tous coupables. » Sir Alex ne comprend pas pourquoi les cadres expérimentés de l'équipe ont laissé les plus jeunes sombrer ainsi dans la nuit fauve de Manchester. Pour cette infraction au code de bonne conduite, il décrète une amende collective de 1,35 millions d'euros pour l'ensemble des joueurs impliqués dans la « Christmas party ». Une amende record dans l'histoire mondiale du foot professionnel.

Huit jours après le scandale, il se montre ainsi plus disert devant les médias :

« Le football a changé, mais vous ne pouvez pas perdre votre sang-froid. C'est pourquoi nous faisons des changements, ici à Manchester United, quand nous voyons quelqu'un perdre le contrôle de lui-même. Quand cela arrive, alors il est temps pour le joueur de partir, car ce club repose sur sa bonne ambiance collective. »

Le boss met ses menaces à exécution. Profitant du Mercato hivernal, il décide de se séparer de Jonny Evans[175] en le prêtant au club de Sunderland.

« *The Theater of dreams*[176] », c'est ainsi que les supporters de ManU ont surnommé le stade d'Old Trafford, il y a quelques années. Savaient-ils alors que ses coulisses pouvaient abriter les pires cauchemars ?

---

175. Il sera blanchi le 8 mars 2008.
176. « Le théâtre des rêves ».

ESPRIT COLLECTIF, ES-TU ENCORE LÀ ?

« Ayez l'esprit collectif, les gars ! » Ce refrain, roucoulé par tous les entraîneurs de France et de Navarre, des débutants jusqu'aux nababs de l'élite, imprègne considérablement la conduite du footballeur. Il l'irrigue même jusqu'au tréfonds de son inconscient. Mais les histoires de fesses viennent souvent casser ce bel élan de générosité.

Jean-Michel Aulas, le patron de l'Olympique Lyonnais, a encore en travers de la gorge les nombreuses affaires « personnelles », qui ont ébranlé le vestiaire des Gones, lors de la seconde moitié de la saison 2006-2007. Alors que l'OL a largement dominé les matchs aller, battant tous les records, l'équipe s'écroulera par la suite, ce qui se révélera préjudiciable en Coupe d'Europe[177].

FOLLE NUIT À LYON

Ce mardi 17 avril 2007, le groupe lyonnais est réuni pour une mise au vert à l'Hôtel Sofitel du centre de Lyon. Le titre de champion de France est acquis. Enfin presque. Plus qu'un petit point à prendre le lendemain contre Rennes, et l'OL pourra fêter son sixième sacre d'affilée. Pourquoi attendre ? Sylvain Wiltord, noceur devant l'éternel, n'a pas de patience quand il s'agit de bambocher. Il prend donc l'initiative d'organiser une petite « partie » avec certains de ses coéquipiers de l'Olympique Lyonnais. Au programme : musique, alcool et belles pépées... Ils sont une dizaine dans la chambre du buteur lyonnais. « Nino » a toujours forcé l'admiration de ses partenaires. En dépit de ses 33 printemps, il enchaîne les nuits blanches sans rien laisser paraître, ni à l'entraînement, ni en match. « J'ai

177. L'Olympique Lyonnais sera éliminé prématurément par l'AS Roma en huitièmes de finale (0-0, puis 0-2 à Gerland).

ma vie privée, j'aime m'amuser, mais je fais mon travail », répète à l'envie l'ancien joueur d'Arsenal. « C'est le plus grand pro que j'aie rencontré[178] », dit de lui Hatem Ben Arfa, l'un des plus grands espoirs du foot français.

Cette nuit-là, Wiltord et ses copains lyonnais commettent pourtant des imprudences de débutants. Trop de bruit. Trop de rires. Des voisins de la chambre se plaignent. Et menacent. Une source interne de l'Olympique Lyonnais, sous couvert d'anonymat, raconte :

« Sylvain leur a payé la chambre pour les calmer et pour ne pas qu'ils ébruitent l'affaire. Mais trop de gens de l'hôtel ont été témoins de la scène. C'était du pain béni pour les journalistes. »

Fureur de Jean-Michel Aulas. Le patron de l'OL, sourcilleux de l'image du club qui vient de faire son entrée en bourse, décrète une mise à pied de 48 heures. Wiltord n'est pas retenu pour le match suivant face à Paris, une rencontre qui lui tient particulièrement à cœur. Il est devenu un caillou dans la chaussure de

178. Entretien avec l'auteur le 21 février 2008.

l'impitoyable président lyonnais. Un formidable bras de fer s'engage. L'enfant terrible ira même jusqu'à menacer de dévoiler les noms de ses compagnons de chambrée qui, contrairement à lui, sont pour la plupart mariés.

LES MAÎTRESSES DE WILTORD

Ce n'est pas la première fois que les frasques de l'attaquant des Bleus rejaillissent sur la vie interne du club. On lui pardonne volontiers ses sorties clandestines lors du stage d'avant-saison à Tignes. Sophie, une pulpeuse savoyarde, se souvient :

« Un soir, j'étais en train de prendre un verre quand il est venu directement vers moi en me lâchant : "Salut, je suis Sylvain Wiltord." Je connaissais vaguement son nom, mais je ne savais pas quelle tête il avait. Je lui ai répondu : "Ouais, et moi, je suis la Reine d'Angleterre." Il a filé aussi sec. »

En revanche, certains joueurs lui reprochent son inclination à vouloir séduire les copines, femmes ou maîtresses de ses coéquipiers. Un membre de l'Olympique Lyonnais révèle :

« Lors de sa dernière saison à l'OL, il a piqué une maîtresse à un joueur historique du club, un joueur à l'image de gendre idéal. Cela a créé pas mal de non-dits et de tensions dans le vestiaire. »

On ne prête qu'aux riches. Une rumeur tenace se répand comme un mauvais virus au sein du microcosme du journalisme sportif : Sylvain Wiltord aurait séduit la femme de Fred[179]. Une trahison qui expliquerait le spleen du Brésilien, en déshérence sur le terrain.

Dans une longue interview accordée au *Progrès*[180], le buteur des Bleus revient sur cet épisode qui a tant fait jaser :

« Tout le monde pense qu'il n'y a pas de fumée sans feu, mais il n'y a rien qui nous oppose, rien ! Cette rumeur, c'est chiant. Je suis le premier surpris, on ne s'est jamais fâché. Le club aurait pu faire un démenti, il a préféré entretenir la rumeur, ça lui donnait un argu-

179. Fred est aujourd'hui divorcé de sa femme, mère de son enfant.
180. Édition du 24 août 2007.

ment supplémentaire, jusqu'à ce que Fred pousse son coup de gueule, en expliquant qu'il avait un problème avec l'OL. »

Et de préciser, le même jour dans les colonnes de *L'Équipe*[181] :

« Fred, je peux le regarder dans les yeux comme tous les joueurs de Lyon. Il n'y a rien. Cette rumeur arrangeait Lyon, qui a été content de faire de Wiltord le vilain petit canard. »

Une version qui vient corroborer celle livrée, une semaine plus tôt, par Bernard Lacombe, le conseiller spécial du président Aulas[182] :

« Avec Fred, il y a un différend financier mais il n'existe pas de problème ou de litige avec Sylvain Wiltord. »

D'ailleurs, après la pénible affaire du Sofitel, Fred comme Sébastien Squillaci, Anthony Réveillère, Florent Malouda et Sidney Govou seront les rares courageux à plaider la cause de leur copain Wiltord auprès des dirigeants lyonnais. « Une vie de vestiaire va bien au-delà

181. Édition du 24 août 2007.
182. *L'Équipe* du 16 août 2007.

du foot[183] », résume alors Sylvain Wiltord qui reprend de plus belle :

« Ils ont essayé de me licencier. C'est grave. Tout ça à cause de cette histoire. Je plaide coupable. Mais ils savaient très bien que je n'étais pas seul, qu'on était une équipe. Ils ont voulu que je sois le bouc-émissaire. Les joueurs sont montés au créneau pour que je ne sois pas licencié. Et je n'ai pris, grâce à eux, que deux jours de mise à pied avec une amende collective. Je remercie les joueurs qui se sont bougés pour moi. Un an plus tôt, à Paris, dans les mêmes circonstances, on mangeait des McDo à 5 heures du matin avec le coach et ça ne nous avait pas empêchés de gagner au Parc. Les gens parlent. Je ne me suis jamais caché quand j'allais boire un coup après les matchs. Je ne bois pas d'alcool. Moi, je sais ce que je fais pour être tous les matins à l'entraînement et performant en match. En Ligue 1, il y a 300 footballeurs, et il y en a 250 qui boivent des coups après les matchs. Ça n'a jamais posé de problème. »

En dépit du soutien indéfectible de la majorité de ses coéquipiers, Wiltord n'est plus en odeur de sainteté

183. *Le Progrès* du 24 août 2007.

au sein du club rhodanien. Les dirigeants le lui font bien sentir. À la mi-mai, il ne participe pas à la fête de Saint-Tropez organisée pour célébrer le sixième titre de champion de France. Son sort est scellé depuis la désormais fameuse nuit du 17 avril.

LES MALHEURS DE WILTORD

Un événement va définitivement entériner son divorce avec l'OL. Ce 2 juillet 2007, Sylvain Wiltord arrive en sifflotant pour la reprise de l'entraînement au centre de Tola Vologe. Durant l'intersaison, l'attaquant de l'équipe de France a eu de nombreux contacts avec des clubs désireux de l'enrôler, mais ses prestations salariales élevées freinent considérablement les négociations[184]. Il est donc résolu à honorer sa dernière année de contrat sur les bords du Rhône. « Je suis Lyonnais à 100 % », répète-t-il à longueur d'interviews…

En plein milieu de la séance d'entraînement dirigée par le nouveau coach Alain Perrin, des policiers du 7e arrondissement de Lyon déboulent à Tola Vologe.

184. Le mercredi 22 août 2007, il signe un contrat de deux ans avec Rennes pour un salaire mensuel de 150 000 euros.

Un inspecteur se saisit fermement du bras de Sylvain Wiltord. Il l'embarque sans ménagement dans la Mégane banalisée. Un dispositif digne d'un caïd sud-américain !

Les nombreux journalistes présents pour cette rentrée restent interdits devant le caractère irréel de la scène. L'un d'eux évoque une vague d'arrestations menées par le groupe d'intervention régional dans le cadre d'une affaire de cocaïne mettant en cause des propriétaires de boîtes de nuit de la région. Les noms de trois joueurs de foot dont celui de Wiltord figurent dans le répertoire téléphonique d'un tenancier écroué. Ce qui ne prouve rien du tout. Beaucoup de patrons de discothèques se targuent de détenir les numéros de téléphone des stars du ballon rond. Cela fait toujours chic.

Les motifs de l'embarquement de Sylvain Wiltord sont bien plus prosaïques. Le joueur n'ayant pas répondu à plusieurs courriers, les policiers sont donc venus, sur instruction du parquet de Lyon, lui signifier une convocation au tribunal de police pour une affaire d'excès de vitesse. Une infraction commise le 10 septembre 2006 où l'Audi du joueur, mise à disposition par le club, a été flashée à 152 km/h, au lieu de 90 km/h. Une manie chez Sylvain Wiltord[185].

La descente de police hautement médiatique laisse de marbre Jean-Michel Aulas qui déclare à la presse :

« C'est une affaire exclusivement privée. Il a manqué de rigueur, il n'a qu'à s'en prendre qu'à lui-même. » On a connu Jean-Michel Aulas plus protecteur…

De son côté Sylvain Wiltord est furibard. Le 24 août 2007, deux jours après avoir signé à Rennes, il revient sur cette sinistre journée du 2 juillet[186] :

« Je suis le premier fautif, je ne me suis pas présenté deux ou trois mois plus tôt à ma convocation au tribunal pour un excès de vitesse. D'accord, mais là non plus, je ne suis pas protégé par mon club.

On aurait pu faire venir les policiers dans un bureau au siège et cela se serait passé normalement. Au lieu de ça, le club a convoqué la presse une demi-heure avant le début de l'entraînement ! »

---

185. Le 22 juin 2007, il était déjà absent du tribunal de police alors que sa Porsche avait été prise à 135 km/h, le 15 juillet 2006 à Vénissieux, bien au-delà des 50 autorisés. D'où une amende maximale de 1 500 euros infligée au titulaire de la carte grise de la voiture.

186. *Le Progrès*.

Les déclarations de Sylvain Wiltord irritent le président Aulas. Le jour même, l'Olympique Lyonnais dégaine un communiqué de deux feuillets. Flingage médiatique garanti :

« L'Olympique Lyonnais regrette que *Le Progrès* de Lyon et *L'Équipe* aient à nouveau utilisé des déclarations tapageuses avec des titres attractifs, pour relayer des attitudes non conformes à l'éthique et à l'exemplarité qui restent les valeurs auxquelles est profondément attaché le club. L'Olympique Lyonnais a pris connaissance des déclarations de Sylvain Wiltord par voie de presse. Sur le principe, il s'étonne de ces déclarations, puisqu'au moment du départ de Sylvain Wiltord, les parties se sont engagées, réciproquement, à ne pas soulever ou entretenir de polémiques entre elles. Quant à lui, respectueux de ses engagements, l'Olympique Lyonnais se contentera donc de rétablir la vérité sur les points suivants, tout en regrettant que Sylvain Wiltord ait attendu d'avoir résilié son contrat pour s'exprimer de manière irrespectueuse, et que les médias aient donné une telle ampleur à une polémique passée et inéquitable [...]

L'Olympique Lyonnais prend acte de ce que Sylvain Wiltord reconnaît avoir contrevenu aux règles de fonctionnement du groupe professionnel, et ce, à plusieurs reprises. C'est exactement le point qui a été reproché à Sylvain Wiltord [...]

L'Olympique Lyonnais n'avait pas et ne pouvait pas interférer sur les conditions d'intervention des services de police à l'endroit de Sylvain Wiltord, un jour de reprise d'entraînement où la presse est toujours présente depuis des années. De même, il n'appartenait pas à l'Olympique Lyonnais de commenter des rumeurs concernant des relations entre deux joueurs. Sylvain Wiltord aurait été bien intentionné de démentir lui-même ces informations qui, là aussi, portaient préjudice au club [...]

L'Olympique Lyonnais considère plus généralement que les joueurs professionnels, qui sont un exemple pour la jeunesse, se doivent, de par leur statut, adopter, en toutes circonstances, un comportement conforme à l'éthique sportive et morale, et ce, sur le terrain comme en dehors. »

Les histoires d'amour finissent mal également dans le monde enchanteur du football. Grand artisan des titres de champion remportés par l'OL, Wiltord, tenu pour seul responsable d'un dérapage collectif, est bon à jeter aux orties.

LES TRADITIONS DE L'OLYMPIQUE LYONNAIS

Ce n'est pas la première fois que des joueurs Lyonnais sont victimes du courroux présidentiel pour des affaires « extra-sportives ».

Le 20 décembre 1996, dans le tunnel du Stade Gerland, le défenseur Lyonnais Jean-Luc Sassus se dirige vers Alexandra Kabi, une belle brune qu'il a rencontrée en discothèque. Assistant à la scène, Pascal Olmeta, le sanguin gardien de l'OL, assène deux violents coups de poings à son coéquipier. Jean-Luc Sassus s'écroule. Les yeux révulsés, il cause la plus grande frayeur à son entraîneur Guy Stéphan qui le croit mort. Verdict : un traumatisme crânien et une fracture du nez pour Sassus.

Le scandale est énorme. La presse parle pudiquement d'une rivalité entre les deux joueurs. Les versions des deux protagonistes recueillies le 10 janvier par le journal *Le Progrès* divergent alors sensiblement.

Jean-Luc Sassus s'en explique :

« Comme je pense que beaucoup de gens se demandent comment les choses en sont arrivées à ce point, le 20 décembre dernier, je voudrais donc préciser dans quelles circonstances Pascal et moi avons rencontré Alexandra. C'était un soir d'avril 1996. Nous nous trouvions ensemble dans une discothèque. J'ai eu l'occasion de discuter avec cette fille, qui plaisait à Pascal ; je n'avais aucune arrière-pensée, j'ai fait un portrait plutôt sympa de lui, mais dans la discussion, j'ai émis une réserve, en lui disant que c'était un dur, qu'il pouvait être violent parfois. Beaucoup de temps a passé là-dessus, et puis en septembre, Pascal est sorti avec Alexandra ; elle lui a alors répété ce que je lui avais dit, et depuis ce jour-là, il ne m'adressait plus la parole, il ne me serrait plus la main. Moi, j'avais pourtant la conscience tranquille, j'ai expliqué à ma femme cette brouille entre nous. Dans la vie, Pascal et moi on est différents, mais on s'entendait bien, jusqu'à cette histoire. Voilà ! Pour finir, Alexandra était dans le couloir des vestiaires à la fin de ce match contre Nantes. J'ai remonté le couloir et quand je l'ai aperçue, j'ai voulu lui dire bonjour, lui faire la bise, parce que je ne voulais pas qu'elle croie que je lui en voulais. C'est alors que Pascal est arrivé. Je ne m'y attendais pas du tout et je n'ai pas pu esquiver. Comme on a pu le constater, ça a fait des dégâts. »

Ce que conteste alors Pascal Olmeta :

« Ce qui s'est passé, c'est que je l'ai vu se diriger vers mon amie Alexandra et lever la main. Je suis arrivé pour la défendre, je me suis retrouvé devant Sassus, je l'ai fait reculer, j'ai repoussé sa main, puis le coup de poing est parti tout seul. On dit que Sassus est la victime, mais pourquoi alors n'a-t-il pas porté plainte ? Un jour, il l'avait vue à l'entraînement et lui avait fait des reproches, lui demandant pourquoi elle m'avait répété certaines choses. Il n'avait pas de bonnes intentions avec elle. Moi, je considère que la victime c'est Alexandra, et aussi ma fille que cette histoire a beaucoup fait pleurer. »

Accablé par ce combat de coqs, Jean-Michel Aulas décide de licencier sur le champ son gardien de but, et de prêter Jean-Luc Sassus à Saint-Étienne, le club rival.

Des départs de joueurs aussi précipités qu'inexpliqués puisent souvent leur source dans des secrets d'alcôve.

À la fin des années 1990, un joueur aurait eu le tort de séduire une amie intime d'un des dirigeants, qui ne l'aurait pas supporté, et aurait exigé son transfert.

Dans le récent *Aulas, l'enquête interdite*[187], le président lyonnais, lui-même, révélait à l'auteur de sa biographie non autorisée, Thomas Nardone, son penchant pour la gent féminine : « Les femmes, c'est mon point faible », expliquait-il. Ces affaires de cœur pullulent dans le monde du foot et font le bonheur de quelques initiés, trop heureux de pouvoir briller lors des dîners en ville. Ainsi, cette belle femme plantureuse, modeste employée de l'OL, a souvent les oreilles qui sifflent quand la bonne société lyonnaise évoque son amour immodéré pour ces joueurs de football qui la couvrent de cadeaux luxueux pour ses bons et loyaux services.

187. Éditions Danger Public, 2007.

LA COMPAGNE DU SÉLECTIONNEUR

En avril 2006, le journaliste Bruno Godard bouscule cette culture du silence en révélant dans son livre *Les Bleus peuvent-ils vraiment gagner la Coupe du Monde ?*[188] les raisons de la mise à l'écart de Robert Pirès chez les Bleus. L'auteur croit pouvoir insinuer que l'ancien milieu de terrain d'Arsenal aurait eu par le passé une relation avec Estelle Denis, vedette montante de la chaîne M6, actuelle compagne du sélectionneur, Raymond Domenech :

« Robert Pirès a seulement commis l'erreur de succomber aux charmes d'une jeune et jolie femme libre comme l'air. Qui peut vraiment lui en vouloir ? Enfin, je veux dire, à part Raymond Domenech, l'homme aux soi-disant idées larges ? »

La belle Estelle, qui a toujours démenti la moindre histoire avec l'ancien Gunner d'Arsenal, devra affronter une nouvelle polémique avec un autre ancien membre de l'équipe de France : Ludovic Giuly, lui-même « blacklisté » pour des raisons pour le moins troubles.

188. Éditions Hugo & Cie, 2006.

Un épisode, raconté par le joueur lui-même dans son autobiographie *Giuly par Giuly*[189]. Selon lui, son éviction des Bleus trouverait son explication dans un SMS échangé avec l'animatrice :

« Il n'y a eu avec Estelle qu'un seul échange de SMS après une émission télé, au printemps 2004, avec l'évocation d'un déjeuner sur Paris qui ne s'est finalement jamais fait. »

Retenu plus tard par Raymond Domenech, l'attaquant de poche choisit de jouer franc-jeu avec le sélectionneur :

« Je lui ai dit : "Écoutez, coach, j'ai envoyé un Texto à votre femme, je ne savais même pas que vous étiez en couple. Mais ne vous inquiétez pas, c'était juste professionnel. Je préfère vous le dire, qu'il n'y ait pas de malentendus." Il m'a répondu qu'il était au courant et qu'il l'avait lu. Sans vouloir paraître goujat, Estelle Denis ne me plaisait pas. Nous n'avons jamais eu de relation ou voulu en avoir. »

Heureusement, Ludovic Giuly ne s'est pas trompé en manipulant son portable. Contrairement à ce mal-

189. Éditions Hugo & Cie, 2007.

heureux joueur français dont les rédactions se régalent aujourd'hui d'images issues d'un Chat sur Internet, envoyées par le garçon à sa copine, où nu comme un ver, il brandit avec fierté son organe reproducteur !

L'ÉTRANGE MISE À L'ÉCART DE JEAN-FRANÇOIS LARIOS

Les querelles et trahisons sentimentales, méconnues des supporters, délivrent ainsi une grille de lecture essentielle. Elles peuvent influencer le résultat d'un match ou apporter un éclairage nouveau sur l'histoire du football. L'une des plus célèbres querelles amoureuses du foot français remonte au début des années quatre-vingt…

8 juillet 1982. Séville. Il est 23h00 et la France pleure. Horst Hrubesh, surnommé « le monstre », vient d'envoyer ses copains en finale de la Coupe du Monde sur le dernier tir aux buts. Les Bleus, foudroyés, restent inconsolables. Dans le vestiaire du stade Sanchez Pizjuan, tout n'est que larmes, douleurs et colère. La domination physique des Allemands a eu raison du

génie français. Harald Schumacher, le bourreau de Séville, a envoyé à l'hôpital Patrick Battiston, désormais plongé dans le coma. Le gardien de la Mannschaft n'a pas manifesté le moindre geste d'excuse après cet inqualifiable attentat. Charles Corver, l'arbitre néerlandais, lui, n'a pas bronché.

Une vraie guerre de tranchées, ce France-Allemagne. À vingt minutes de la fin de la rencontre, les Bleus, la fleur au fusil, se voient déjà disputer la première finale de Coupe du Monde de leur histoire. L'entame des prolongations se déroule comme dans un rêve. Marius Trésor, d'une reprise de volée surnaturelle, et Alain Giresse, d'un maître tir, envoient les Bleus à la lisière du Paradis. Trois buts à un ! Thierry Roland, le commentateur de la rencontre hurle : « La France est en finale. » On connaît la suite… Karl-Heinze Rummenigge et Klaus Fischer viendront anéantir les doucereux espoirs de nos romantiques français.

Dans les tribunes de Sanchez Pizjuan, Jean-François Larios, le robuste milieu de terrain, assiste impuissant à la tragédie. Son physique de déménageur (1,86 m pour 81 kg) aurait pu contrarier la force physique des

Allemands. Le sélectionneur Michel Hidalgo a préféré se dispenser de ses services. Choix étonnant : parmi les cinq remplaçants (Jean Castaneda, Christian Lopez, Patrick Battiston, Bruno Bellone et Gérard Soler), aucun n'est un milieu de terrain de métier. À la cinquantième minute, c'est donc Patrick Battiston, défenseur central de formation, qui remplacera le milieu relayeur Bernard Genghini. Battiston, lui-même remplacé, dix minutes plus tard, par le stoppeur Christian Lopez en raison de l'agression de Schumacher. « Le football se joue à de petits détails », entend-on souvent de la bouche des techniciens les plus avisés. L'antienne n'a jamais été aussi vraie que ce triste soir du 8 juillet.

Dans son livre *Séville 82*[190], Pierre-Louis Basse revient sur la mise à l'écart de Jean-François Larios :

« Nous comprenions à quel point ç'avait été une belle connerie de foutre sur le pédalo ou à la piscine Jean-François Larios sous prétexte que ça ne gazait pas fort avec Michel Platini. Laboureur comme il l'était,

190. Éditions Privé, 2005.

été comme hiver, on peut penser que Jeff aurait fini de creuser son sillon dans la défense allemande. »

Vingt-cinq ans plus tard, Jean-François Larios revenait pour *L'Équipe Magazine*[191] sur les douleurs fantômes de cette nuit sévillane :

L'Équipe Magazine : – Et puis vous disputez le Mondial 1982. Après le premier match, perdu contre l'Angleterre (1-3), vous ne rejouerez que la petite finale, perdue également contre la Pologne (2-3). Est-ce que vous en avez voulu à Michel Hidalgo, le sélectionneur des Bleus ?

Jean-François Larios : – Hidalgo (Sourire.) Non, de 1982, je ne retiens que mes larmes. Un soir de demi-finale, alors que j'étais relégué dans les tribunes, j'ai pleuré comme un gosse. À 3-1 contre l'Allemagne, j'avais pourtant l'impression que je pouvais rendre des services sur le terrain. Mais non, j'étais dans les tribunes… Alors, se mettre à gueuler, ça servait à quoi ?

Dans cet entretien, l'ancien milieu flamboyant, cassé par l'alcool et les ennuis judiciaires[192], se livre tout en

191. Le 27 janvier 2007.
192. Impliqué dans l'affaire des transferts suspects de l'OM, l'ancien joueur est condamné, en février 2007, par la Cour d'Appel d'Aix-en-Provence

retenue et en non-dits sur ses relations orageuses avec Michel Platini :

L'Équipe Magazine : – Dans son livre, *Le Football en vert*, paru en 1980[193], Bernard Pivot vous décrit ainsi : “Il crève le terrain, comme on dit de certains acteurs qu'ils crèvent l'écran. Il a la tête de Bonaparte au pont d'Arcole et la prestance un peu insolente du lieutenant Sagane aux confins du Sahara. C'est lui qui a pris la place de Piazza dans le cœur des dames seules...” On a l'impression que ce n'est pas vraiment le même Jean-François Larios qui est jugé dans le procès des comptes de l'OM...

Jean-François Larios : – Bernard Pivot a toujours été un poète. Même quand il parlait de moi dans des termes aussi flatteurs. Le problème, c'est que Pivot, comme beaucoup d'autres, m'a ensuite tourné le dos. Du jour au lendemain, il ne fallait surtout plus adresser la parole au paria que j'étais devenu.

– Vous faites référence aux conséquences de votre brouille avec Michel Platini ?

à deux ans de prison avec sursis, 200 000 euros d'amende, et cinq ans d'interdiction d'exercer l'activité d'agent sportif.

193. Éditions Hachette-Gamma.

– Évidemment.

– Avez-vous l'impression que vous avez longtemps payé ce différend ?

– Oui. (Silence.) Oui, bien sûr. Pendant très longtemps, même. Et pas que dans les histoires de boulot. Tout ça s'est étendu. Certains journalistes ont pris le relais. Thierry Roland et Bernard Père, par exemple, m'ont littéralement massacré. Certains joueurs, avec qui je jouais, ont également été obligés de prendre parti. C'était l'un ou l'autre. Pas les deux. Il ne pouvait et il ne peut toujours pas y avoir Platini et moi dans un même groupe. Que ce soit parmi les anciens Verts ou les anciens de l'équipe de France. Même si j'ai toujours des contacts téléphoniques avec pas mal d'anciens coéquipiers, je ne veux pas d'histoires.

Sur un site Internet qui lui est consacré[194], au titre évocateur, « Une puissante générosité dans l'expression de l'effort », Jean-François Larios revenait déjà, le 30 juin 2004, sur ses rapports houleux avec la star du foot français. Il expliquait qu'il « avait quitté l'équipe

194. www.jefflarios.com

de France en 1982 à cause de ses griefs avec Platini » et « qu'il avait abandonné l'idée de devenir entraîneur de peur que Platini, devenu sélectionneur, ne le grille auprès du milieu ».

POURQUOI PLATINI EN VEUT À LARIOS

Coquin de sort : la route de Jean-François Larios n'aurait jamais dû croiser celle de Michel Platini. En 1980, Larios est sur les tablettes du Real Madrid, qui est prêt à mettre sept millions de francs, une somme à l'époque, pour s'attacher les services du milieu de terrain stéphanois. Le président Roger Rocher repousse l'offre sans même en parler à son joueur ! Dans le microcosme, tout le monde connaît les raisons de la haine qui oppose les deux joueurs. Une littérature abondante évoque d'ailleurs l'affaire qui a empoisonné le vestiaire tricolore dans les années 80.

Dans son livre d'entretiens, *Le football, mot à maux*[195], Robert Herbin, le sphinx, ancien entraîneur

---

195. Paul Bonnetain et Claude Chevally, De Borée, 2004.

emblématique de la grande équipe de Saint-Étienne, répond à la question qui tue :

– On dit que Roger Rocher ne voulait pas faire jouer ensemble Platini et Larios ?

– C'était un problème extra-sportif. J'ai réussi à arranger tout cela et nous avons été champions de France en 1982.

Dans l'excellente biographie *Platini, le roman d'un joueur*[196], Jean-Philippe Leclaire décrit une scène de la vie quotidienne de l'époque stéphanoise :

« À l'entraînement, seuls les observateurs les plus attentifs remarquent un étrange ballet. À la fin de chaque séance, Jean-François Larios quitte toujours le terrain avant les autres joueurs. Le temps que ses coéquipiers regagnent à leur tour le vestiaire et le grand Jeff est déjà parti. Même chose les jours de match : Jean-François Larios ne traîne jamais longtemps sous la douche. Il est le premier habillé et le premier à quitter le stade, évitant au maximum le risque de conflit. »

Dans *Séville 82*, Pierre-Louis Basse se montre encore plus poétique :

196. Éditions Flammarion, 1998.

« Dans l'adversité, les chagrins, la passion, Platini et Larios chevauchaient ensemble sous le maillot du Forez. Dans mon souvenir, Larios, cheveux au vent, cuirasse indestructible, avait des allures d'homme à cheval en partance vers sa propre déchéance. Platini serait toujours un chef d'orchestre capable de balancer son regard périphérique. »

La presse anglaise n'a pas l'habitude de s'embarrasser de ce type de circonvolutions. Dans son édition du 28 mai 2006, le très sérieux *Sunday Times* recense au travers d'un article « les dix plus grosses querelles de l'histoire de la Coupe du Monde[197] ». La brouille Platini-Larios se classe à la troisième place.

Le journaliste John Aizlewood écrit avec une délicieuse ironie anglaise :

« Les Français : tant d'amour à donner, mais peu à partager. En 1982, le milieu de terrain Larios quitte le camp d'entraînement des Bleus. Des rumeurs sur une relation avec la femme de Platini sont remontées à la surface. Bien entendu, si Platini avait eu une relation

197. « *The top 10 World Cup bust-ups.* »

avec la femme de Larios, il aurait été immédiatement renvoyé à la maison. »

Un vrai secret de polichinelle, jusque-là vaguement susurré par la presse française. Selon ses proches[198], Jean-François Larios traîne comme un boulet cette histoire amoureuse. Une trahison qu'il regrette amèrement tant elle lui a coûté. On ne s'en prend pas impunément au plus grand joueur de l'histoire du football français.

« À Séville, j'ai vécu en une soirée toutes les émotions, joies et douleurs qu'un homme peut connaître en une vie entière », explique aujourd'hui Michel Platini[199].

Plus de vingt-cinq ans après la tragédie de Sanchez Pizjuan, les démons de Séville viennent encore perturber le sommeil d'un gamin de neuf ans. Un môme dévasté par le chagrin qui, devant l'ignominie des « Boches », espérait secrètement que le président François Mitterrand déclarât la Troisième Guerre mondiale à l'Allemagne. Cette nuit du 8 juillet, l'enfant

198. Voir aussi l'interview de Véronique, l'ancienne compagne de Jean-François, sur www.jefflarios.com

199. Entretien avec l'auteur le 13 novembre 2007

innocent comprit que les « méchants » pouvaient gagner et que la morale pouvait se dérober au monde merveilleux du football.

Ce gamin, c'est moi.

TABLE DES MATIÈRES

REMERCIEMENTS

Grand merci tout d'abord à ma femme Alexandra. Encore une fois, tu as montré une grande patience durant le travail de longue haleine qu'a nécessité cet ouvrage. Je voudrais aussi remercier ma sœur Virginie, qui était là pour calmer les petits monstres lors de mes longs week-ends de labeur.

Je voudrais aussi exprimer toute ma gratitude envers Marc Dolisi, rédacteur en chef de VSD, et Marie-Pierre Garrabos, ma chef de service, pour leur soutien.

Je salue aussi Philippe Moreau, directeur éditorial de Danger Public, pour son engagement dans ce projet. Mes pensées s'adressent particulièrement à mon éditeur, Roman Perrusset.

Enfin je souhaite rendre hommage à mes nombreuses sources qui ont osé me parler d'un sujet si tabou.

IMPRESSION : S.N. FIRMIN-DIDOT AU MESNIL-SUR-L'ESTRÉE
DÉPÔT LÉGAL : MAI 2008. N° 96809 (90125)
IMPRIMÉ EN FRANCE